CB120623

Edmar Pereira

Razão e Sensibilidade

GOVERNO DO ESTADO DE
SÃO PAULO
RESPEITO POR VOCÊ

Governador	Geraldo Alckmin
Secretário Chefe da Casa Civil	Arnaldo Madeira

imprensaoficial

Imprensa Oficial do Estado de São Paulo

Diretor-presidente	Hubert Alquéres
Diretor Vice-presidente	Luiz Carlos Frigerio
Diretor Industrial	Teiji Tomioka
Diretora Financeira e Administrativa	Nodette Mameri Peano
Chefe de Gabinete	Emerson Bento Pereira
Chefe do Núcleo de Projetos Institucionais	Vera Lucia Wey

CULTURA
Fundação Padre Anchieta

Fundação Padre Anchieta

Presidente	Marcos Mendonça
Diretora de Projetos Especiais	Adélia Lombardi
Diretor de Programação	Mauro Garcia

Coleção Aplauso Cinema Brasil

Coordenação Geral	Rubens Ewald Filho
Coordenação Operacional e Pesquisa Iconográfica	Marcelo Pestana
Projeto Gráfico	Carlos Cirne
Editoração	Aline Navarro
Assistência Operacional	Andressa Veronesi

Edmar Pereira
Razão e Sensibilidade

organização Luiz Carlos Merten

CULTURA
Fundação Padre Anchieta

imprensaoficial

São Paulo – 2006

© imprensaoficial 2006

Dados Internacionais de Catalogação na Publicação
Biblioteca da Imprensa Oficial do Estado de São Paulo

Pereira, Edmar
Edmar Pereira : razão e sensibilidade / organização Luiz Carlos Merten – São Paulo : Imprensa Oficial do Estado de São Paulo : Cultura - Fundação Padre Anchieta, 2006.
208p. – (Coleção aplauso. Série cinema Brasil / coordenador geral Rubens Ewald Filho)

ISBN 85-7060-233-2 (obra completa) (Imprensa Oficial)
ISBN 85-7060-432-7 (Imprensa Oficial)

1. Crítica cinematográfica 2. Cinema - História e crítica I. Merten, Luiz Carlos II. Ewald Filho, Rubens. III. Título IV. Série.

CDD 791.437 5

Índices para catálogo sistemático:
1. Cinema : Brasil : História e crítica 791.437 5

Foi feito o depósito legal na Biblioteca Nacional (Lei nº 1.825, de 20/12/1907).
Direitos reservados e protegidos pela lei 9610/98

Imprensa Oficial do Estado de São Paulo

Rua da Mooca, 1921 – Mooca
03103-902 – São Paulo – SP – Brasil
Tel.: (0xx11) 6099-9800
Fax: (0xx11) 6099-9674
www.imprensaoficial.com.br
e-mail: livros@imprensaoficial.com.br
SAC 0800-123401

Apresentação

"O que lembro, tenho."
Guimarães Rosa

A *Coleção Aplauso*, concebida pela Imprensa Oficial, tem como atributo principal reabilitar e resgatar a memória da cultura nacional, biografando atores, atrizes e diretores que compõem a cena brasileira nas áreas do cinema, do teatro e da televisão.

Essa importante historiografia cênica e audiovisual brasileiras vem sendo reconstituída de maneira singular. O coordenador de nossa coleção, o crítico Rubens Ewald Filho, selecionou, criteriosamente, um conjunto de jornalistas especializados para realizar esse trabalho de aproximação junto a nossos biografados. Em entrevistas e encontros sucessivos foi-se estreitando o contato com todos. Preciosos arquivos de documentos e imagens foram abertos e, na maioria dos casos, deu-se a conhecer o universo que compõe seus cotidianos.

A decisão em trazer o relato de cada um para a primeira pessoa permitiu manter o aspecto de tradição oral dos fatos, fazendo com que a memória e toda a sua conotação idiossincrásica aflorasse de maneira coloquial, como se o biografado estivesse falando diretamente ao leitor.

Gostaria de ressaltar, no entanto, um fator importante na *Coleção*, pois os resultados obtidos ultrapassam simples registros biográficos, revelando ao leitor facetas que caracterizam também o artista e seu ofício. Tantas vezes o biógrafo e o biografado foram tomados desse envolvimento, cúmplices dessa simbiose, que essas condições dotaram os livros de novos instrumentos. Assim, ambos se colocaram em sendas onde a reflexão se estendeu sobre a formação intelectual e ideológica do artista e, supostamente, continuada naquilo que caracterizava o meio, o ambiente e a história brasileira naquele contexto e momento. Muitos discutiram o importante papel que tiveram os livros e a leitura em sua vida. Deixaram transparecer a firmeza do pensamento crítico, denunciaram preconceitos seculares que atrasaram e continuam atrasando o nosso país, mostraram o que representou a formação de cada biografado e sua atuação em ofícios de linguagens diferenciadas como o teatro, o cinema e a televisão – e o que cada um desses veículos lhes exigiu ou lhes deu. Foram analisadas as distintas linguagens desses ofícios.

Cada obra extrapola, portanto, os simples relatos biográficos, explorando o universo íntimo e psicológico do artista, revelando sua autodeterminação e quase nunca a casualidade em ter se tornado artista, seus princípios, a formação de sua personalidade, a *persona* e a complexidade de seus personagens.

São livros que irão atrair o grande público, mas que – certamente – interessarão igualmente aos nossos estudantes, pois na *Coleção Aplauso* foi discutido o intrincado processo de criação que envolve as linguagens do teatro e do cinema. Foram desenvolvidos temas como a construção dos personagens interpretados, bem como a análise, a história, a importância e a atualidade de alguns dos personagens vividos pelos biografados. Foram examinados o relacionamento dos artistas com seus pares e diretores, os processos e as possibilidades de correção de erros no exercício do teatro e do cinema, a diferenciação fundamental desses dois veículos e a expressão de suas linguagens.

A amplitude desses recursos de recuperação da memória por meio dos títulos da *Coleção Aplauso,* aliada à possibilidade de discussão de instrumentos profissionais, fez com que a Imprensa Oficial passasse a distribuir em todas as bibliotecas importantes do país, bem como em bibliotecas especializadas, esses livros, de gratificante aceitação.

Gostaria de ressaltar seu adequado projeto gráfico, em formato de bolso, documentado com iconografia farta e registro cronológico completo para cada biografado, em cada setor de sua atuação.

A *Coleção Aplauso,* que tende a ultrapassar os cem títulos, se afirma progressivamente, e espera contemplar o público de língua portuguesa com o espectro mais completo possível dos artistas, atores e diretores, que escreveram a rica e diversificada história do cinema, do teatro e da televisão em nosso país, mesmo sujeitos a percalços de naturezas várias, mas com seus protagonistas sempre reagindo com criatividade, mesmo nos anos mais obscuros pelos quais passamos.

Além dos perfis biográficos, que são a marca da *Coleção Aplauso,* ela inclui ainda outras séries: *Projetos Especiais,* com formatos e características distintos, em que já foram publicadas excepcionais pesquisas iconográficas, que se originaram de teses universitárias ou de arquivos documentais pré-existentes que sugeriram sua edição em outro formato.

Temos a série constituída de roteiros cinematográficos, denominada *Cinema Brasil,* que publicou o roteiro histórico de *O Caçador de Diamantes,* de Vittorio Capellaro, de 1933, considerado o primeiro roteiro completo escrito no Brasil com a intenção de ser efetivamente filmado. Paralelamente, roteiros mais recentes, como o clássico *O Caso dos Irmãos Naves,* de Luis Sérgio Person, *Dois Córregos,* de Carlos Reichenbach, *Narradores de Javé,* de Eliane Caffé, e *Como Fazer um Filme de Amor,* de José Roberto Torero, que deverão se tornar bibliografia básica obrigatória para as escolas de cinema, ao mesmo tempo em que documentam essa importante produção da cinematografia nacional.

Gostaria de destacar a obra *Gloria in Excelsior,* da série *TV Brasil,* sobre a ascensão, o apogeu e a queda da TV Excelsior, que inovou os procedimentos e formas de se fazer televisão no Brasil. Muitos leitores se surpreenderão ao descobrirem que vários diretores, autores e atores, que na década de 70 promoveram o crescimento da TV Globo, foram forjados nos estúdios da TV Excelsior, que sucumbiu juntamente com o Grupo Simonsen, perseguido pelo regime militar.

Se algum fator de sucesso da *Coleção Aplauso* merece ser mais destacado do que outros, é o interesse do leitor brasileiro em conhecer o percurso cultural de seu país.

De nossa parte coube reunir um bom time de jornalistas, organizar com eficácia a pesquisa documental e iconográfica, contar com a boa vontade, o entusiasmo e a generosidade de nossos artistas, diretores e roteiristas. Depois, apenas, com igual entusiasmo, colocar à disposição todas essas informações, atraentes e acessíveis, em um projeto bem cuidado. Também a nós sensibilizaram as questões sobre nossa cultura que a *Coleção Aplauso* suscita e apresenta – os sortilégios que envolvem palco, cena, coxias, *set* de filmagens, cenários, câmeras – e, com referência a esses seres especiais que ali transitam e se transmutam, é deles que todo esse material de vida e reflexão poderá ser extraído e disseminado como interesse que magnetizará o leitor.

A Imprensa Oficial se sente orgulhosa de ter criado a *Coleção Aplauso*, pois tem consciência de que nossa história cultural não pode ser negligenciada, e é a partir dela que se forja e se constrói a identidade brasileira.

Hubert Alquéres
Diretor-presidente da
Imprensa Oficial do Estado de São Paulo

Introdução

Dentro da proposta da *Coleção Aplauso* de resgate da Memória da Nossa Cultura e Artes, abrimos uma nova frente ao publicarmos coletaneas de artigos de criticos de cinema ou teatro. Com a finalidade de preservar a trabalho e o estilo de jornalistas que tiveram grande importância em seu momento, mas que podem ter caido no esquecimento, até porque não publicaram livros. Mas cujo estilo, elegância no escrever, clareza de idéias, qualidade de informação, são uma lição para os que assinam colunas em jornais atualmente.

Este livro que reune trabalhos de Edmar Pereira é antes de tudo, projeto de amigos que resolveram homenagear um colega querido. Quando tive a idéia da edição, contei com a ajuda inestimável de colegas em comum. Rose Carvalho, que do Rio entrou em contato com a familia de Edmar para conseguir a liberação dos textos. Maria Amélia Rocha, sua ex-colega de *Jornal da Tarde*, que revisou e adaptou o material para publicação. E principalmente de Luiz Carlos Merten, critico do jornal *O Estado de S. Paulo* que fez a escolha dos textos e escreveu a bela e sensível apresentação.

O problema era que Edmar escreveu diariamente por cerca de vinte anos no *Jornal da Tarde*, não apenas críticas, mas também entrevistas, reportagens, noticiários, indicações. Ele ficava na redação produzindo muito e sempre com notável qualidade. Para quem conhece o meio jornalistico, sabe da importancia deste elogio: Edmar tinha um belo texto. Dos melhores. Talvez, de todos nós, seus contemporaneos, era o que escrevia com mais habilidade, talento, força e elegância.

Seus trabalhos mesmo quando feitos às pressas eram sempre perfeitos, envolventes, bons de ler e publicar.

Trabalhei muitos anos ou praticamente esses 20 anos todos, ao lado de Edmar, e nesse tempo todo, jamais ele mostrou um sentimento mesquinho, um ciúme, uma falta de carater. Ao contrário, sempre foi doce, gentil, humilde, por vezes até carente. Compartilhamos muitos momentos profissionais e sociais, e só me restam boas lembranças. Nem sempre concordavamos nas avaliações dos filmes, mas isso era o que menos importava, porque sempre apreciava a maneira que Edmar sabia expor suas idéias.

Diante dessa fartura de material e a pressa para editá-los, optamos Merten e eu, pela seleção de críticas envolvendo nomes famosos do cinema, diretores que são icones. E alguns cineastas brasileiros que Edmar também apreciava. Certamente outras coletaneas poderiam ser feitas com outras preciosidades que ele escreveu (em particular perfis). E espero que um dia isso ainda venha a acontecer.

Mas para as novas gerações, que isso sirva de introdução ao trabalho de Edmar Pereira, um estilista que ainda precisa ser redescoberto.

Rubens Ewald Filho

O Crítico Poeta

No livro com a entrevista que concedeu a Tom Milne (*Losey on Losey*), o grande diretor de *O Criado* e *Estranho Acidente* conta, en passant, que conheceu Billie Holiday quando ela ainda era uma cantora principiante, no Harlem. Joseph Losey confessa que ficou marcado para sempre pelo sentimento aterrador de solidão que a cercava - aquela mulher cantava divinamente, mas as notas lhe eram arrancadas ao peito como punhais, como expressão do inexorável curso auto-destrutivo que a consumia. Em junho de 1974, Edmar Pereira, na época um jovem crítico chegado de Minas, publicou seu primeiro texto no *Jornal da Tarde*, de São Paulo. Era uma ode a Billie Holiday. O que mais impressiona no texto é que ele passa a mesma solidão que impressionou Losey, quando conheceu a *lady* do blues.

Em outro junho, o de 1993, Edmar publicou, sob pseudônimo (E. Araújo), sua última crítica no JT. Era sobre o filme *Noites Felinas*, de Cyril Collard, e recebeu o título de *Um Retrato Real da Aids na Tela*. Edmar sabia sobre o que estava falando. O recurso ao pseudônimo foi, talvez, um suporte ético, para que não se dissesse que, mais do que sobre o filme e seu ator-diretor, ele falava sobre si mesmo. Pois Edmar Pereira morreria, pouco depois, em 30 de setembro de 1993, em Belo Horizonte, de uma parada cardíaca, em conseqüência da síndrome da imunodeficiência adquirida. Tinha 50 anos.

Entre Billie e Collard, foram quase 20 anos de críticas, muitas vezes diárias, no JT, a maioria sobre cinema, mas não exclusivamente. Edmar escreveu sobre tudo - cinema, música, literatura, comportamento. Fez entrevistas memoráveis. Cobriu festivais - foi meu companheiro de viagem em Cannes, em 1992, quando estreamos no maior evento de cinema do mundo. Creio, agora não tenho certeza, que foi sua única vez. Eu tenho voltado à Croisette e confesso que sempre me lembro de Edmar quando mergulho na miríade de Cannes. Uma tarde, com sol de rachar, corríamos de uma entrevista para uma sessão quando vimos um tumulto na praia. O sentimento de repórter de Edmar falou mais alto e eu quase não acreditei quando vi que ele, alto como era, se havia agachado e tentava ver, pelo meio das pernas das pessoas, o motivo de tanta agitação - era uma *starlete* que posava nua. "*Agora, sim, estamos em Cannes*", ele disse, feliz da vida, como uma criança que ganha seu brinquedo favorito.

A saudade quase sempre nos leva a idealizar as pessoas. Esquecemo-nos de seus defeitos. Concentramo-nos em suas virtudes. Quando me lembro de Edmar, é assim, mas talvez eu só tenha conhecido mesmo suas virtudes. Não convivemos tanto no jornal, nessa proximidade que unia e ainda une as redações do *Estadão* e do *Jornal da Tarde*, para que eu pudesse perceber os defeitos. E, afinal, por que eles seriam tão importantes? Afinal, como disse Billy Wilder num dos filmes do coração de Edmar, *Quanto*

Mais Quente Melhor, ninguém é perfeito. O defeito, mais que a virtude, é que nos humaniza. Por falar em filme do coração, o de Edmar Pereira era *Pai Patrão*, de Paolo e Vittorio Taviani, que venceu a Palma de Ouro em Cannes, em 1977. No pouco tempo em que convivi com ele, ouvi-o dizer inúmeras vezes que os irmãos Taviani haviam contado sua história. Na verdade, eles contaram a história do escritor sardo Gavino Ledda, mas a experiência era tão próxima da de Edmar que ele via naquele filme a sua vida. Como Ledda, Edmar nasceu no meio rural, na cidade de Lagoa Dourada, no interior de Minas, em 1943. Chegou à idade adulta em estado bruto. Realizou - era o título da crítica - "*uma maravilhosa viagem entre a imbecilidade e o entendimento*". Essa travessia do mundo rústico para o erudito não foi feita sem dificuldade. Foi o que lhe deu bagagem. Edmar não foi um crítico ligado à academia. Não deixou uma reflexão teórica sobre o cinema. Escrevia no calor da hora, fazendo a crítica diária, mas nos seus escritos percebe-se tudo - uma visão do cinema, da vida, do papel do intelectual numa sociedade periférica e/ou autoritária. Não se pode esquecer que Edmar escrevia no JT nos duros anos da ditadura, quando o vizinho *Estadão* recorria aos versos dos Lusíadas ou a receitas de bolos para preencher os espaços das matérias que a censura do regime militar queria deixar em branco.

O que é o cinema? - pergunta-se André Bazin no título de seu livro famoso, que ele não chegou a ver publicado e é uma compilação de textos, alguns produzidos especialmente, outros retirados de sua atividade como crítico diário, em jornais e revistas. A grande indústria de Hollywood quer nos fazer crer que o cinema é pura e simplesmente diversão, mas isso não é verdade. O cinema também é diversão, no sentido de que, mesmo o filme mais cabeça, pode ser uma experiência lúdica e, como tal, pode recriar, entreter, fazer mudar de fim, de objeto - que são as definições de divertir no Aurélio. Divertir não é só rir, comer pipoca e tomar refrigerante. Há uma diversão que vem do estímulo intelectual, da observação inteligente e que não precisa ser necessariamente humorada. Senão para todos os públicos, para um cinéfilo um filme de Ingmar Bergman será mais prazeroso do que a última aventura de Sylvester Stallone, com certeza.

Nos seus escritos, Edmar muitas vezes identifica o besteirol, mas na maioria das vezes o que ele procura no cinema é uma janela para o mundo, um instrumento de investigação da realidade (e de nós mesmos). Seus textos, nas várias áreas em que atuou, possuem método. Ele tinha cultura - mas você era capaz de jurar que era autodidata - e grande capacidade de observação. Entendia o homem na sua miséria e na sua grandeza, talvez porque tenha chafurdado na lama (e não vamos exagerar quanto a isso). Era um crítico-poeta. Na seleção de textos que você vai ler, fica claro que o título de um filme de Ang Lee - que Edmar não chegou a ver – faz a súmula do seu legado e do seu pensamento. Razão e sensibilidade. Edmar Pereira começou sua atividade jornalística no *Diário de Minas* e, depois, foi para o *Diário da Tarde*. Por algum tempo trabalhou também na TV Belo Horizonte, hoje integrada à Globo, antes de desembarcar em São Paulo, fincando raízes no JT. Foi um batalhador do cinema brasileiro, acreditando, como o lendário Paulo Emílio Salles Gomes, que o pior filme nacional vale mais que o melhor estrangeiro, pelo simples fato de que nos coloca na tela. Em agosto de 1993, já próximo do fim, foi convidado a integrar o júri do Festival de Gramado, mas sentiu que não tinha mais forças para abraçar a tarefa. Foi, mesmo assim, a Gramado. Para uma despedida. Sou gaúcho, de Porto Alegre, mas nunca fui tanto ao Festival de Gramado como Edmar. Não o conhecia pessoalmente. Passei a conhecê-lo no prédio do *Estadão*, na Marginal.

Não sei, sinceramente, se posso dizer que fomos amigos, mas eu o admirava. E ele era divertido, sempre capaz de piadas mordazes e ironias cortantes. Quando assumiu que estava com AIDS, abandonou o jornal. Era a fase pré-coquetel, quando a síndrome ainda era associada à promiscuidade, lançava as pessoas no gueto e as discriminava. Ele não conseguia, uma vez me disse, tolerar o olhar de piedade. Havia vivido como queria - talvez não fosse a vida ideal, mas era a vida dele. Sua produção intelectual era a expressão do que havia conhecido, sentido, acumulado como experiência ou informação. Ele estava afastado do jornal quando certo dia - acho que era um sábado à tarde - fui visitá-lo. Voltei algumas vezes, não muitas. Mais do que de conversas, eram visitas feitas de silêncio. Shiro, seu companheiro, sempre teve a fineza de nos deixar só nestes momentos. Perdemos contato, quando ele voltou a Belo Horizonte. Quando morreu, ofereci-me para escrever seu necrológio no JT. O texto não saiu assinado, mas guardo até hoje o que me disse, depois de lê-lo, o editor Renato Delmanto: "*Não sabia que vocês eram tão amigos.*" Nem eu. Aquele texto saiu espontâneo, filho da emoção. No último texto, sobre *Noites Felinas*, é evidente a cumplicidade com Cyril Collard, que também morreu de complicações decorrentes da AIDS. A fita, dizia E. Araújo (Edmar), "*não é comum por várias razões. A mais impressionante: sua característica pessoal e intransferível.*" Talvez ele já pressentisse que aquele seria o derradeiro texto. Hoje, parece seu testamento. Escreveu: "*Seu autor interpreta a si mesmo. Para falar sobre sua experiência individual e, ao mesmo tempo, sobre o que é hoje uma espécie de pesadelo em todo o mundo, Cyril Collard conta sua vivência dos tempos da aids, como soro positivo.*"

Uma câmera na mão e uma idéia na cabeça preconizavam os arautos do novo cinema, nos anos 1960. "*Collard vai de câmera na mão, muita dor no coração, mas evita qualquer tipo de autopie-*

dade", diz Edmar. "*Sua trajetória será na direção da vida, mesmo diante da perspectiva da morte.*" E ele conclui: "*O HIV tem nessa crônica sombria e urgente a mesma função da tuberculose para Hans Castorp, o herói de A Montanha Mágica, de Thomas Mann.*" Foram as últimas palavras impressas de Edmar Pereira. Agora, elas voltam neste livro que reúne seus textos e presta homenagem não ao crítico que ele foi, mas ainda é. Como sobrevivem os grandes filmes que Edmar admirava, suas críticas ainda têm o que nos dizer.

Luiz Carlos Merten

2 de fevereiro de 2006

Autobiografia

Critico de cinema, o que será, o que será? Coletivamente talvez seja uma identidade indefinível. No plano individual, a resposta fica mais fácil de entender. Meu caso, por exemplo. Um menino rural que no final dos anos cinqüenta fugia todos os sábados pulando a janela do casarão decadente do avô autoritário e mergulhava na penumbra do Cine Paroquial. Ver Nyoka, a rainha das Selvas. O Intrépido Dick Tracy cujo desafio final me deixava fantasiando até o sábado seguinte, enquanto pastoreava, tirava leite das vacas, limpava o curral. E sonhava, e sonhava...

Ou seja, uma história muito semelhante a que seria contada mais de vinte anos depois pelos maravilhosos italianos e irmãos Paolo e Vittorio Taviani em *Pai, Patrão* – por isso mesmo uma das supremas admirações do crítico já adulto.

Crítico, para que serve? Passa-se pela magia e fascínio de Hollywood. Descobre-se que isso não nada a ver, em cine-clubes, cursos de cinema, conferências, seminários. E, as vezes devagar, as vezes derepentemente, descobre-se que mito e desmistificação podem ser cara e coroa. A gente é as duas coisas, *Cantando na Chuva* e *Acossado*. Ou *Casablanca* e *Hiroshima, meu Amor*. Ou *O Encouração Potenkim* ou *O Iluminado, Cidadão Kane, A Terra, Francisco, o Arauto de Deus, Rastros de Ódio, Rocco e Seus*

Irmãos, Deus e o Diabo na Terra do Sol, Vidas Secas, A Noite de São Lourenço, A Rosa Púrpura do Cairo. Ou Monsieur Verdoux ou Jules et Jim. Ou etc, etc, etc...

Natural também é descobrir a correlação existente entre a fantasia dos filmes e a realidade do mundo. De posse desta descoberta, o critico faz projetos do alto de seu orgulho que ele acredita iluminado: dialogar com as pessoas usando o cinema como álibi. Para valorizar os filmes, as idéias, a estética quando coincidem com sua sensibilidade, com o seu projeto de estar no mundo.

Critico é por pretensioso? Sim – ou do contrário ficaria satisfeito em ser só espectador bem informado, sem a preocupação de informar a ninguém sobre o que acha e pensa. Ou sobre o que acha e pensa que os outros podem achar ou pensar.

Analisar ou criticar um filme inclui isso tudo, a informação objetiva e os imponderáveis subjetivos. É necessário conhecer os processos, os usos, as manipulações, a força das imagens, a marcha da História. Essa marcha que faz de Hollywood um farol para o mundo todo (ver a mão que manipula esse farol). Ou que pode fazer de um filme modesto do seu próprio país, o mais justo espelho de sua imagem e de sua sombra. Às vezes lembrar-se de coisas como um lírico aviso de Fernando Pessoa, dizendo que o Tejo é mais belo que o rio de sua aldeia. E logo depois reconsiderando: "*... mas o Tejo não é mais belo do que o rio de minha aldeia, porque o Tejo não é o rio que passa pela minha aldeia...*".

Não se pode esquecer disso quando se pensa sobre cinema brasileiro, ou do contrário não existirá cinema brasileiro para ser pensado. Assim, existem uma linguagem, uma sintaxe, uma gramática cinematográficas. Mas uma estética cinematográfica sem paralelo ou ligação com o curso da História, torna-se coisa meramente abstrata. Esta é, para mim, a descoberta fundamental na minha paixão pelo cinema. Ou, se quiserem, da minha "formação cinematográfica". Acho que é fundamental em qualquer circunstancia ou situação, para quem ensina, aprende, analisa ou faz cinema.

Crítico não pode ser que nem boi, que não sabe da força que tem. Ele tem que saber da força e da fraqueza, ainda mais quando vive num país do Terceiro Mundo. Colonizado, sim senhor. Não pode destruir *Rambo* nem *Cobra*. Mas pode informar às grandes, manipuladas e distraídas platéias de filmes sobre o que elas viram. Em compensação, com a destrutiva aliança da colonização, pode pulverizar qualquer produção nacional a partir de uma frase engraçada de um súbito mal-humor. Filmes brasileiros não tem que ser melhores e freqüentemente não o são. Nem um critico pode melhorar a qualidade de um filme mas pode esclarecer para o espectador, os processos anteriores às definições de bom e de ruim. Este processo já está explicado em relação ao filme estrangeiro quando ele chega aqui, os nacionais ainda não: essa é a questão.

É preciso estar atento, e se possível, forte. Para ver de olhos e coração bem abertos, porque assim as possibilidades de prazer serão sempre mais amplas. Rever, desdizer, reconsiderar, refazer, descobrir o cinema leva à conjugação de infinitos verbos. Arte, Industria, forma superior de comunicação, rastro e registro. Eu acredito em todas as definições. Porque preciso de todas para envolver todos os filmes que prefiro, todo os criadores, todos os inventores, todos os diluidores, todos os artesões que me tocam. Com uma obra, um filme, com uma seqüência, com uma cena. Magia, identificação. É sempre isto. E vontade, freqüentemente impotente mas nem sempre de repartir com os outros o que acho mais bonito, instantes em que fundo & forma, temática & linguagem, juntam-se como uma coisa só e o resultado é emoção.

Difícil profetizar & teorizar sobre o futuro do cinema. Sobre o quanto tempo essa emoção e essa forma de frui-la vão permanecer. Filmes industriais, filmes experimentais. Grandes salas, ou a intimidade ainda amarelecida, cheia de sombras, sonoramente deficiente e redutiva do vídeo. Grandes circuitos comerciais e super produções ou a produção independente do grande jogo industrial e os circuitos alternativos de exibição. Talvez tudo tenha de conviver, nenhuma tendência vencerá definitivamente. Eu quero *Downbylaw* de Jarmusch e *Carmen* de Godard. E quero também *Apocalipse* de Coppola e *Era uma vez na América*, de Leone.

Quero cinema. E não abro mão.

Edmar Pereira

Texto extraído do livro

O Cinema Segundo a Crítica Paulista

Editora Nova Stella Editorial, 1986

CRÍTICAS

PARTE 1 - Cinema Nacional

Memórias do Cárcere

Jornal da Tarde
20 de junho de 1984

Dez meses e dez dias de prisão levaram Graciliano Ramos a escrever um longo depoimento que Nélson Pereira dos Santos trouxe para o cinema com grande intensidade dramática, numa linguagem seca e direta como a escrita de Graciliano. O filme estréia hoje em São Paulo.

Vestido de terno, com chapéu, uma valise com roupas e objetos pessoais: assim o escritor Graciliano Ramos esperou sua prisão, na noite de 3 de março de 1936, em Maceió. Antes, em rápidas cenas, fica visível o descontentamento do escritor, nascido em 1892 em Quebrângulo, no Estado de Alagoas, com seu emprego público, com a mesquinha sociedade provinciana, com as relações obrigatórias com sua mulher ciumenta e insegura, a segunda, 17 anos mais jovem do que ele. A prisão não constituía nenhuma surpresa: ela já podia ser intuída pelo teor de telefonemas e ameaças a este simpatizante da Aliança Nacional Libertadora, frente ampla organizada para tentar impedir uma sinistra aliança entre Getúlio Vargas, que chegara ao poder em 1930 e em 1937 fecharia o Congresso e proclamaria o Estado Novo, tornando-se seu ditador e o fascismo.

É assim que começa *Memórias do Cárcere* (que estréia hoje em São Paulo), o filme que Nélson Pereira dos Santos extraiu dos dois volumes em que Graciliano, com a precisão inigualável e absoluta secura de seu estilo, conta sua saga de homem privado da liberdade, sem acusação ou culpa formada, durante exatos dez meses e dez dias. Dolorosa e reveladora aventura iniciada na capital alagoana que levaria o escritor de volta ao Rio de Janeiro, cidade que abandonara desencantado em 1915, para retornar a seu Estado natal.

Este depoimento, no qual estão nominados nada menos do que 236 personagens, foi publicado em 1953, após a morte do autor, ocorrida em 20 de março deste mesmo ano. Vivo, Graciliano publicara os romances *Caetés* (33), *São Bernardo* (34), *Angústia* (36), *Vidas Secas* (38), reuniu contos em Insônia (47) e *Alexandre e Outros Heróis* (62), além de ter narrado uma primeira parte de suas memórias em Infância (45). Após sua morte e *Memórias do Cárcere* ainda foram publicados *Viagem* (54), *Linhas Tortas* e *Vivente das Alagoas* (62), todos livros de crônicas.

Seco e direto

Em sua adaptação e roteiro para o cinema, Nélson Pereira dos Santos reduziu para 103 o número de personagens, trabalhando ainda com cerca de 700 figurantes que povoam este filme longo – tem 3 horas e 7 minutos – narrado de forma lenta porém com grande intensidade dramática, sem nenhum rebuscamento ou ornamento de linguagem, tão seco e direto quanto a escrita de Graciliano. *Memórias do Cárcere* é o 14° longa-metragem do cineasta, premiado em Cannes (um prêmio extra-oficial, concedido pela crítica internacional como o melhor entre os filmes não concorrentes à mostra) e no festival russo de Tashkent. Ainda em Paris, de onde deverá retornar até o final da semana, Nélson Pereira dos Santos enviou algumas preocupadas observações. Confessou a amigos sua irritação pela projeção de Memórias anteontem no Palácio do Morumbi, "porque para mim oposição é Fernando Henrique Cardoso e não Franco Montoro". Consta também que o solene lançamento que o filme está merecendo tanto no Rio de Janeiro como em São Paulo (onde só será exibido inicialmente no cine Gazetinha), com ingressos a preços majorados, lugares marcados e a proibição de que espectadores entrem durante a projeção, não deixou o cineasta muito contente.

Filmado em Maceió e no Rio de Janeiro, Memórias do Cárcere consumiu com sua produção e campanha de lançamento cerca de Cr$ 1 bilhão e 50 milhões. A Embrafilme espera que o filme consiga fazer 1,5 milhão de espectadores nos próximos dois anos, situando-se na mesma faixa de *Bye Bye Brasil*, de Carlos Diegues, *Pixote*, de Hector Babenco, e *Eles Não Usam Black-Tie*, de Leon Hirszman. Mas com um milhão de ingressos vendidos a produção estará paga. Isto sem falar das possibilidades comerciais do filme no Exterior, com sua alta qualidade reconhecida através dos prêmios e de superlativos elogios da maior parte dos críticos que estiveram em Cannes.

Nélson Pereira dos Santos diz ter tido a primeira idéia de filmar Memórias do Cárcere no mesmo ano de 1964 em que transformou Vidas Secas, também de Graciliano, numa das raras obras-primas do cinema nacional. "Pensei em fazer o filme em função da violência política e institucional que tomou conta do Brasil naquele ano. Memórias do Cárcere contava esta mesma história transcorrida em outra

época. A realidade estava se repetindo. Cheguei a dar início à preparação do roteiro, mas logo parei. No Brasil de 64 não havia condições de produção e liberdade política para se levar adiante um projeto assim". O cineasta tinha razão, mas valeu a pena esperar: pode-se contar nos dedos de uma única mão outras vezes em que o cinema brasileiro tenha chegado a nível tão alto.

"Memórias do Cárcere *é um filme como os do início de minha carreira, sem metáforas de linguagem, de comunicação direta com o público. Voltei a filmar sem qualquer influência da censura, deixando de lado recursos que só complicavam a expressão desnecessária e impropriamente*". Nélson acredita também que "*o mais importante para o espectador do meu filme é a emoção que lhe será transmitida. A idéia é a de sair da cadeia de uma sociedade ainda presa a comportamentos originados em relações duras. Aquela cadeia do filme é metafórica: não é de 1936 ou 1964. É a cadeia em que a gente vive e nos inferniza. A proposta do filme é transformá-la em coisa do passado. Eu acho que qualquer significado político em* Memórias do Cárcere *deve ser extraído pelo próprio espectador e, dessa forma, estou sendo fiel ao pensamento de Graciliano Ramos. O livro, como o filme, não é político. Trata da condição humana, de forma universal. É uma tentativa de contar uma história para o mundo".*

A escolha de Vereza

Essa tentativa começou efetivamente em 1981, quando o cineasta começou a trabalhar no roteiro. Em princípio, o papel de Graciliano Ramos deveria ser entregue a Carlos Gregório, nascido em Alagoas como o escritor. Mas com o adiamento das filmagens e uma mudança de produtores (o filme quase foi realizado em São Paulo, com a mesma produtora na qual Nélson fez seu trabalho anterior, *Estrada da Vida*, com a dupla sertaneja Milionário e Zé Rico), o personagem acabou ficando para Carlos Vereza, 45 anos de idade, como Graciliano ao ser preso, ator de até então discreta passagem pelo cinema (a melhor delas em *Snuff – Vítimas do Prazer*, de Cláudio Cunha e Carlos Reichenbach), muito presente na televisão (quase sempre em personagens intensamente neuróticos) e também ator e autor de teatro.

"Seria muito difícil para um ator que não tivesse nenhum tipo de experiência política entrar no personagem de Graciliano Ramos e viver tudo aquilo. Carlos Vereza foi escolhido por ser um homem e um ator em condições psicológicas, intelectuais e ideológicas para embarcar na trajetória de Graciliano por sua própria conta. Vereza deu tudo de si durante as filmagens, foi de uma generosidade artística incrível e o resultado de seu trabalho é uma performance irrepreensível. A proposta que eu tive com os 103 atores do filme foi a de uma aventura. O ator é um instrumento muito delicado, é o dono da emoção e, na verdade, é quem descobre o personagem. A mim coube uma orientação e o cuidado de filmar da melhor maneira possível". São inteiramente justos os elogios do diretor a seu ator principal, mas a verdade é que todo o elenco de Memórias do Cárcere é perfeito: nenhum outro filme brasileiro exibiu este nível de interpretação, com veteranos e experientes profissionais colocados ao lado de estreantes, que absolutamente não destoam.

No caso dos primeiros, pode-se destacar José Dumont (que participa da seqüência mais empolgante do filme, quando faz brotar entre todas a dores e sofrimentos do navio-prisão, que transporta Graciliano e centenas de detidos de Maceió para o Rio, som e alegria brasileiras com a canção *A Ema*

Gemeu, de João do Vale, que termina em clima de vigoroso protesto) e Nildo Parente, este em sua melhor participação no cinema. Ou Glória Pires, como Heloísa Ramos, dando a dimensão exata da mulher tímida e ciumenta que se transforma em ser humano completo e solidário. Ou Jofre Soares, descoberto pelo próprio Nélson em Vidas Secas, como um veterano militante esquerdista; ou Paulo Porto, no papel do advogado Sobral Pinto, que tirou Graciliano da cadeia. Entre os novatos, a surpresa de Fábio Barreto (o diretor de *Índia, a Filha do Sol*), perfeito como um cadete que se rebela, mas não perde a arrogância militarista diante dos civis, ou do ator mineiro – e também estreante em cinema – Ricardo Clementino; ótimo como o locutor da rádio que todas as noites tenta levantar o ânimo dos prisioneiros.

Um dos mais impressionantes achados desta exaltação da liberdade e da dignidade humana é a trilha sonora, que Nélson Pereira dos Santos pegou emprestada de um compositor norte-americano, Louis Moreau Gottschalk, a *Marcha Solenne Brasileira*, fantasia composta em torno do Hino Nacional. Este compositor apenas medíocre viveu no século XIX e esteve no Brasil às expensas do imperador D. Pedro II. E acabou morrendo no Rio de Janeiro. Oficialmente por haver contraído malária, porém, segundo a crônica dos bastidores mundanos da época, na verdade por um tiro desferido por marido brasileiro e enciumado no bairro carioca da Tijuca.

O impecável acabamento técnico de *Memórias do Cárcere* muito deve à direção de arte de Irênio Maia (tanto a cenografia, de Adílio Athos e Emily Pirmez, quanto os figurinos, de Lígia Medeiros, são irretocáveis) e a linda fotografia, com a dupla assinatura de José Medeiros e Antonio Luiz Soares.

O chapéu e a gaivota

Se o filme seguisse Graciliano para além do momento em que, já fora da prisão, ele atira o chapéu para o alto e este transforma-se numa gaivota, símbolo de liberdade, teria que chegar com o escritor à casa de seu colega José Lins do Rego – que liderou um movimento de intelectuais pela sua libertação – no bairro de Botafogo, onde Graciliano ficou alguns dias hospedado. E daí a uma pensão do Catete, onde ele também viveu antes de juntar-se novamente à mulher Heloísa. Que, emocionada após assistir, há alguns dias, a uma sessão especial de *Memórias do Cárcere* ao lado de uma temerosa – e depois gratificada pela aprovação da personagem real – Glória Pires, comentou a respeito da última cena: *"Graciliano era seco e interiorizado demais para um gesto como o de atirar o chapéu. Porém ficou lindo, o Nélson é um gênio"*.

Para assistir a *Memórias do Cárcere* o público que for ao Gazetinha (na avenida Paulista) pagará Cr$ 4 mil e Cr$ 6 mil (nos fins de semana este será o preço único, com direito a lugares numerados) por um dos 600 lugares deste cinema, que passou por ligeiras reformas para melhorar seu som e projeção. Pode-se comprar ingressos antecipadamente para sessões até 48 horas antes. Fora deste prazo, compra-se na bilheteria para o mesmo dia. Sessões às 14h30, 17h45 e 21h.

Erêndira, o realismo mágico sem clichês

Jornal da Tarde

13 de novembro de 1984

Erêndira – Direção, Ruy Guerra. Roteiro, Gabriel Garcia Marquez. Fotografia, Denys Clerval. Música de Maurice Lecoeur. Cenografia de Pierre Cadiou e Rainer Chaper. Com Claudia Ohana, Irene Papas, Michel Lonsdale, Pierre Vaneck, Oliver Wehe, Rufus, Blanca Guerra, Ernesto Gomez Cruz, etc. Produção 1983, França-México-Alemanha. Cine Belas Artes/Sala Niemeyer. Censura: 18 anos.

O moçambicano Ruy Guerra é um profissional de cinema. Capaz de filmes pessoais e intensos em sua identificação com o país em que foram realizados, como nos casos de *Os Cafajestes* ou *Os Fuzis*, que tão fortemente contribuíram para a construção

da nova linguagem que significou o cinema novo brasileiro; ou como *Mueda, Memória e Massacre,* apaixonado registro das lutas de independência do seu país natal. Com *Erêndira* mostra um outro lado: sem abandonar completamente a preocupação autoral, realiza um bem-sucedido trabalho de equipe nessa recriação em imagens do que se convencionou chamar de "realismo mágico" do escritor colombiano Gabriel Garcia Marquez.

Guerra consegue transpor para a tela, sem pasteurizar, o que já estava pasteurizado por inúmeras imitações ou oportunistas celebrações, a dolorida trajetória da menina Cândida Erêndira, criada como serviçal pela avó milionária e que, após ser culpada por esta pelo incêndio de sua mansão, é obrigada a prostituir-se para pagar sua dívida. O poder do dinheiro, o poder dos sentimentos, realidade e magia, a manipulação de um ser humano por outro, a submissão, a subserviência, a traição e a revolta estão contidos neste belo filme, que desliza leve, quase que preguiçosamente, numa atmosfera de sonho e de torpor.

A história, que Marquez escreveu primeiro como roteiro cinematográfico e que só transformou em novela pelo não surgimento de um produtor imediatamente interessado, flui naturalmente. Um dos méritos da direção de Guerra é justamente sua leveza, sua capacidade de não se deixar perceber, como se tudo o que acontece na tela estivesse atrelado a um processo natural. Com essa aparente "omissão", o cineasta dribla inteligentemente os grosseiros clichês cunhados sobre o tal realismo mágico: embora a narrativa transcorra num clima de delírio, em nenhum momento o espectador é obrigado a ouvir informações explícitas a respeito disto. A fusão de realidade com magia fica sempre harmoniosa em sua bem arquitetada sutileza.

Isto torna-se possível pela harmonia entre todos os compartimentos do filme: bela fotografia, trilha sonora inteiramente identificada com climas e ações, a montagem suave, os sinuosos movimentos de câmera, a cenografia em perfeita sintonia com os elementos naturais, como o vento e a chuva, que entram no filme quase que como personagens. Nada desequilibra, nem por falha nem por excesso de brilho. E Guerra, embora comandando um elenco de várias nacionalidades e vários estilos, sabe também como estender essa unidade a seus intérpretes, no que é auxiliado por um primoroso trabalho de dublagem. O melhor exemplo disto é o trabalho das duas atrizes principais, que dominam o filme de ponta a ponta: a grega e teatralmente composta Irene Papas equilibra com seu jogo cênico (a voz, os gestos, as expressões) a enorme distância física que a separa da desalmada avó; enquanto a brasileira e natural Cláudia Ohana não permite um único instante que o espectador possa dissociá-la da imagem ideal de Erêndira.

Uma poética história do sertão, sem místicos nem jagunços

Cristina Aché e Débora Bloch são elementos fundamentais da audaciosa alquimia proposta por Prates Correia, em *Noites do Sertão*.

Jornal da Tarde

23 de novembro de 1984

Noites do Sertão – Direção, Carlos Alberto Prates Correia. Adaptação (da novela Buriti, de João Guimarães Rosa) e roteiro, Prates Correia e Idê Lacreta. Fotografia, José Tadeu Ribeiro. Trilha sonora, Tavinho Moura. Montagem, Idê Lacreta e Amaury Alves. Cenografia e figurinos, Anísio Medeiros. Som direto, Romeu Quinto. Com Débora Bloch, Cristina Aché, Carlos Kroeber, Carlos Wilson, Tony Ramos, Sura Berditchevsky, Milton Nascimento, Maria Sílvia. Produção 1984, Brasil. Cine Belas Artes, sala Aleijadinho. Censura 18 anos.

Este é um filme singular, diferente. Não há nada de difícil ou hermético em *Noites do Sertão*, assim como não havia também em *Perdida* ou em *Cabaret Mineiro*, os dois filmes anteriores mais conhecidos do cineasta mineiro Carlos Alberto Prates Correia, 43 anos, nascido na cidade de Montes Claros. Ele solicita ao espectador que recorra à inteligência, ao raciocínio, que se desarme da camisa-de-força que é o ato de ver um filme burocraticamente, ao ritmo dos apelos mais óbvios. O cinema feito por Prates Correia é diferente do cinema que transforma em imagens uma história, qualquer que seja ela, segundo as convenções aceitas e majoritariamente consumidas.

Baseado na novela Buriti, de Guimarães Rosa (incluída no livro *Corpo de Baile*, publicado em 1956), *Noites do Sertão* não existe apenas como uma história, como uma trama: o filme é a soma de todos os seus elementos – a imagem, a música, a palavra – submetidos a um rigoroso domínio do tempo, quase que como na criação musical. Pode-se, evidentemente, discordar do resultado final, mas desconhecer ou ignorar seus processos e intenções significa uma injusta redução, quando sua proposta dirige-se ao elastecimento dos sentidos, ao refinamento da percepção.

Uma história do sertão brasileiro, sem místicos nem jagunços em luta contra o poder. Drama doméstico-rural, passado no Norte de Minas, nos anos 50, quando as intenções raramente se transformavam em gestos, quando as palavras dissimulavam mais do que revelavam os pensamentos. Palavras, aliás, que no filme marcam tanto pelo significado como pela sonoridade: Prates Correia não quis "traduzir", deixou que seus personagens se expressassem pelo verbo rebuscado e musical de Rosa. Ao mesmo tempo, essa aparente fidelidade nada tem a ver com subserviência: o viril universo roseano é praticamente virado pelo avesso, com as relações e sobressaltos dessa criança de afetos e de esperas vistos de uma perspectiva feminina. É o olhar – ou seria o sentir? – feminino que domina a trama, culminando com a inesperada (e belíssima) materialização física da atração entre as duas personagens femininas mais importantes.

Uma mulher, Lalinha (Cristina Aché), abandonada pelo marido, vai com o sogro Io Lindoro (Carlos Kroeber) morar na fazenda de Buriti Bom, onde será apresentada a um mundo muito diferente de sua vivência urbana. Habitado pelo chefe Zequiel (Milton Nascimento), vaqueiro que sofre de uma insônia perene; por Glória (Débora Bloch), a juvenil cunhada; por sua irmã Maria Behú, mística e a caminho da morte (Sura Berditchevski). Nas vizinhanças, a sensualidade reprimida do fazendeiro Gual (Carlos Wilson) e, de vez em quando, as visitas do veterinário Miguel (Tony Ramos).

O filme registra de maneira sempre sutil e exata o namoro entre Glória e Miguel; a sensualidade de Io Lindoro, que todas as noites deixa a fazenda atrás de mulher e que, numa seqüência extraordinária, é obrigado pela nora a uma dolorosa confissão de sua atração por ela; as relações entre Lalinha, a mulher adulta, e sua cunhada Glória em sua descoberta do erotismo e do amor. Mas não acompanha com a mesma intimidade o vaqueiro Zequiel, o fazendeiro Gual e a rezadeira Maria Behú, o que provoca um óbvio desequilíbrio. Fora isto, o diretor Prates Correia mantém o tempo inteiro o controle e a coerência que se espera de um tipo de cinema pessoal, sem nenhuma concessão ao convencional. Manipula com segurança as tensões sutis de um universo de muitas palavras e igual número de silêncios, e constrói cristalina poesia.

É no domínio do poético que *Noites do Sertão* melhor se expressa cinematograficamente, em sua difícil e nem sempre bem sucedida fusão de música, palavra e imagem que se complementam e que se ampliam. Da palavra de Rosa já se sabia; as imagens de Tadeu Ribeiro e a trilha de Tavinho Moura, igualmente maravilhosa, são outros elementos fundamentais da audaciosa alquimia proposta por Prates Correia, que se cerca ainda de elementos de alta qualidade, como o impecável som direto e o cuidadoso resgate cronológico a cargo da cenografia e dos figurinos. Sem falar de suas atrizes principais, Cristina Aché e Débora Bloch (esta tem momentos luminosos), ambas em nível muito superior aos outros intérpretes, que passam pela correção de Carlos Kroeber e Tony Ramos e às vezes descambam até o constrangedor, como em certos momentos de Carlos Wilson e Milton Nascimento.

Glauber por Glauber

Um Pouco de Memória no País sem Memória

Jornal da Tarde
27 de abril de 1985

A partir de segunda-feira, São Paulo vai poder ver todos os filmes de Glauber Rocha, reunidos pela primeira vez numa mostra preparada durante três anos. É da mesma forma como o próprio Glauber havia determinado.

O cinema de Glauber Rocha, dez longas e cinco curtas-metragens, em perfeitas condições técnicas, com imagem e som perfeitos, em cartaz durante uma semana na cidade, a partir de segunda-feira no CineArte Um. Filmes realizados no Brasil, em Cuba, na Europa e até na África, reunidos pela primeira vez numa única mostra preparada durante três anos. Exatamente como determinou seu autor, o mais polêmico entre todos os cineastas brasileiros, autor de obras-primas como *Deus e o Diabo na Terra do Sol* ou *Terra em Transe*, de filmes discutidos como *Cabeças Cortadas*, ou de filmes francamente combatidos como *Di Cavalcanti* (sobre o velório e enterro do pintor, filme embargado por sua família e por isso fora da retrospectiva) ou *A Idade da Terra*, sua última obra, ainda uma espécie de esfinge cinematográfica indecifrada por críticos e espectadores.

O baiano Glauber Pedro de Andrade Rocha, nascido em Vitória da Conquista no dia 14 de março de 1939, cineasta, artista plástico, jornalista, poeta, romancista, provocador cultural por incendiária vocação, que antes de sua morte, ocorrida a 22 de agosto de 1981 no Rio de Janeiro, foi submetido a uma série de exílios físicos, culturais e castigos ideológicos variados, impostos tanto pela direita como pela esquerda. Agora, pode tornar-se outra vez uma unanimidade nacional entre a chamada intelligentsia do País, como no tempo de *Deus e o Diabo*. No Rio, a mostra Glauber por Glauber bateu recordes de bilheteria no cinema São Luiz, provocou grandes filas em Belo Horizonte e deverá ser recebida com a mesma ansiosa curiosidade em São Paulo.

Glauber mostrando seus filmes, o título da mostra na primeira pessoa não é apenas por acaso. O projeto teve como ponto de partida uma carta que o cineasta enviou a seu amigo Carlos Augusto Calil, oito meses antes de sua morte. O cineasta dividia sua obra, para o caso de mostras e retrospectivas, em três diferentes blocos. O bloco A, *Deus e o Diabo, Terra em Transe, O Dragão da Maldade, Cabeças Cortadas* e *A Idade da Terra*; no B, *Barravento, Câncer, O Leão de Sete Cabeças, História do Brasil* e *Claro*; no C, *Pátio, Amazonas, Maranhão, 1968, Di* e *Jorjamado no Cinema*. Essa divisão era estabelecida também para a publicação em livro dos seus roteiros. Assim, junto com a mostra, está sendo também editado *Roteiros do Terceyro Mundo*, um livro organizado pelo cineasta e crítico Orlando Senna, incluindo os roteiros, finais de *Barravento, Deus e o Diabo, Terra em Transe, Dragão da Maldade, O Leão de Sete Cabeças, Cabeças Cortadas, Claro* e *Idade da Terra*, e, mais raro ainda, o primeiro tratamento dado por Glauber aos roteiros de *Deus e o Diabo*, que tinha o título *Dies Irae (A Ira de Deus)* e também de *Corisco, Barravento, Terra em Transe, Antonio das Mortes* (que é o título europeu de *Dragão da Maldade*) e *Anabaziz – O Primeiro Dia do Novo Século* (título do primeiro roteiro de *A Idade da Terra*).

No prefácio de *Roteiros do Terceyro Mundo*, Carlos Augusto Calil, atualmente o diretor interino da Embrafilme e o depositário da confiança e dos projetos glauberianos, escreve: "*...Com o desbunde dos anos negros, todos ficamos órfãos. Glauber, depois da frustrada experiência internacional, ficou órfão de sua impulsão moral, base de outra, a criadora, e nós, de um cinema intelectual, político, revolucionário. Ele refugiou-se na trincheira da desarmonia, instigando a revelação do desarrumado, provocando o conformismo bem-pensante. A reação não tardou e o profeta foi exilado da nação da elite do Brasil, interno no seu manicômio visionário. (...) Foi difícil a aceitação de nossa maturidade, que nos mostrou o crescente desprestígio social e intelectual do cinema; mais difícil foi a convivência com o profeta, a bradar seu 'açoite épico', para fustigar* *nossa má-consciência. Sua morte, aparentemente planejada, representou alívio para todos, até para Glauber que não tinha mais como avançar, sem recuar. Retirado de sua mesquinha condição humana, o mito resgatou a obra, devolvendo-lhe sua verdadeira dimensão reveladora dos mistérios da nacionalidade".*

A recuperação dos filmes de Glauber e sua repatriação não foram um trabalho fácil nem rápido, mas a aventura – ou aventuras – acabou bem. *Amazonas, Amazonas,* um filme perdido, teve seu negativo encontrado; foi feita a contratipagem de filmes como *Câncer*, 1968 e *Pátio* enquanto se recuperavam *Barravento* e *Deus e o Diabo*. Mas como encontrar, no estrangeiro, os negativos originais de *Terra em Transe* ou de *O Dragão*, que não existiam mais no Brasil? E *Claro*? E *Leão de Sete Cabeças*? E *Cabeças Cortadas*? Sem falar da busca do negativo de História do Brasil, segundo informações arquivado num laboratório italiano que falira. Nessa busca, que teve seus lances de aventura policial e de mistério, descobriu-se que num incêndio em Paris, até então mantido mais ou menos em sigilo, haviam-se queimado os negativos de *Terra em Transe* e *O Dragão da Maldade*, num incêndio de laboratório. Por sorte, descobriu-se no mesmo laboratório uma contratipo da versão francesa do *Dragão*, única matriz que restara, sendo também exportada para o Brasil.

Recuperação importante

Importante, claro, é que os filmes estejam aqui, recuperados, um pouco de memória no país sem memória. No esplêndido catálogo de Glauber por Glauber (projeto que além da participação da Embrafilme e da Fundação Pró-Memória contou também com o patrocínio do Banco Nacional, que já teve papel histórico importante como financiador de algumas das principais produções do Cinema Novo e ano passado voltou a participar da atividade cinematográfica), o cineasta fala sobre cada um dos filmes, começando com *Pátio*, o primeiro deles, rodado em 58 e exibido então em versão muda, para ser sonorizado em 59: *"Procuramos humildemente fugir das facilidades 'criativas' que a literatura e as artes plásticas (como também a música) poderiam nos oferecer e procurar o que se julgaria difícil ou impossível: organizar um universo fílmico que vivesse por si mesmo, sem saber, de princípio, a problemática humana que surgiria daí.* Pátio *não quer 'dizer' nada, não quer 'discursar ou narrar' essa ou aquela atitude humana, mas tão-somente criar em seu próprio âmbito aquilo que encontraríamos no grego Cacoyannis e no Kubrick de* A Morte Passou por Perto*: estados que só podem ser criados pelo enquadramento e pela montagem, os matérias de trabalho do cineasta consciente do seu ofício"*.

Quando teve a oportunidade de fazer seu primeiro longa, *Barravento*, em 1960, Glauber já havia trabalhado como repórter no *Jornal da Bahia*, já se casara com a atriz Helena Ignez, então uma moça burguesa, e já era o pai de Paloma, a primeira dos quatro filhos que teve ao longo de vários outros casamentos. *Barravento* estava sendo dirigido por Luiz Paulino, autor da idéia do argumento e do roteiro que estava sendo utilizado. Depois seria reescrito por Glauber, que atuava como produtor executivo. Um desentendimento explodiu quando Glauber, atendendo a várias solicitações, afastou do elenco Sônia Pereira, a namorada do diretor, que reagiu solidário com ela. Glauber conta que foi pressionado a tomar a direção, que pagou a Paulino *"100 contos pelo roteiro. Alguns acusavam-me de haver deposto Paulino. Mas foi Paulino quem se depôs. Perdi o amigo, ganhei o filme. No final perderia Helena"*.

Barravento foi finalizado em 61, no Rio, em 62 receberia o prêmio Opera Prima no festival de Karlovy Vary, na Checoslováquia, e em 63 seria consagrado internacionalmente por uma célebre crítica do escritor italiano Alberto Moravia: *"...Um dos mais belos filmes que temos visto atualmente. Particularmente o que mais me impressiona em* Barravento *é que a magia não é representada como um fenômeno folclórico mas como uma tentação, uma insídia, um fascínio e um desejo de retrocesso e anulação"*. Sobre o filme Glauber diz: *"Barravento pretende o público internacional e acredita em possibilidades que não lhe pertencem, mas apenas ao povo em marcha, que é o negro. Afirmação de uma raça escrava e vítima de racistas, antropólogos, sociólogos e artistas... O que primeiro precisamos tentar é dar ao negro consciência desta miséria e talvez acentuá-la o mais possível, como se acua um gato num beco".*

Deus e o Diabo na Terra do Sol, que Luiz Buñuel sempre incluiu numa restritíssima lista dos seus filmes favoritos, fez de Glauber um grande ídolo nacional em 64, ano em que o filme concorreu no Festival de Cannes, onde se preferiu outorgar a Palma de Ouro ao convencionalmente lindo *Os Guarda-chuvas do Amor*, de Jacques Demy. Mas o filme recebeu vários prêmios em outros festivais internacionais. No ano seguinte, Glauber iria ao Amazonas para fazer um documentário: *"O filme sobre o Amazonas é completamente falho: era meu primeiro ensaio em cores. Cheguei ao Amazonas com uma idéia preconcebida e descobriu que não existia a Amazônia lendária e mágica, a Amazônia dos crocodilos, dos índios, dos tigres etc".*

Em 66, um filme de encomenda: *Maranhão*, sobre a campanha de José Sarney para o Governo do Estado. Na verdade, Glauber, com sua natural ousadia, em vez de fazer um panfleto ou uma exaltação, colocou um discurso do governador eleito sobre imagens de pobreza atroz. *"Glauber não filmou a minha posse, ele filmou a miséria do Maranhão, a pobreza, filmou as esperanças que nasciam dos casebres, dos hospitais, dos tipos de rua, e no meio de tudo aquilo ele colocou a minha voz, mas não a voz do governador. Ele modificou a ciclagem para que a minha voz parecesse, dentro daquele documentário, como se fosse a voz de um fantasma diante daquelas coisas quase irreais, que eram a miséria do Estado".* Assim escreveu em 1981 o presidente Sarney.

Terra em Transe provocou uma espécie de comoção nacional quando foi lançado em 1967. Ganhou uma crítica de primeira página (talvez um momento único na trajetória dos filmes em toda a história do cinema) desancado por Hélio Fernandes na então poderosa *Tribuna da Imprensa*. Teve também, é

claro, defensores ilustres essa obra-prima que só se tornou um filme ainda mais extraordinário com o passar do tempo. Segundo Glauber, "Terra em Transe *é um filme sobre o que existe de grotesco, de horroroso e pobre na América Latina. Não é filme de personagens positivos, não é filme de heróis perfeitos, que trata do conflito, da miséria, da podridão do subdesenvolvimento. Podridão mental, cultural, decadência que está presente tanto na direita quanto na esquerda".*

1968 é um documentário de 22 minutos sobre as passeatas, o protesto de uma época incandescente no País. As imagens reais deveriam ser a base para um possível projeto ficcional, mas em fins de 69 Glauber sairia do Brasil. Na Itália, atendeu convite de Jean-Luc Godard e, como ator, no papel dele próprio, um cineasta que aponta o verdadeiro caminho para o cinema político-revolucionário, participou de Vent d'Est, ao lado da Gian Maria Volonté e do próprio Godard.

Antes, terminara de filmar *O Dragão da Maldade Contra o Santo Guerreiro*, a segunda aventura cinematográfica do matador de cangaceiros Antônio das Mortes, que aparecera em *Deus e o Diabo*. Seu primeiro longa em cores, que o diretor chamou de *"a grande metáfora da revolução latino-americana"*. Com este filme, Glauber recebeu em Cannes o prêmio de melhor direção em 1969 e um passaporte para o mercado cinematográfico internacional. Mesmo antes de premiado, Glauber já recebera convite de um produtor espanhol, que lhe oferecia cem mil dólares para dirigir um filme a ser rodado na Espanha, com total liberdade criativa. Ele chegou a pensar em *Bodas de Sangue*, de Lorca, e em *Tirano Banderas*, de Valle Inclán. Acabaria filmando *Cabeças Cortadas*, que definiu como *"um filme rigoroso, mas o rigor nasce de uma dialética estrutural de montagem. É um filme que se inspira também na loucura católica, embora não seja um filme religioso"*. Antes, durante apenas 22 dias, rodou no Congo Brazaville – um país escolhido ao acaso no mapa, onde no manifesto de um recente golpe de Estado havia o compromisso de completa supressão da censura, o que deixou o cineasta apaixonado – *O Leão de Sete Cabeças*, ou

Der Leone Have Sept Cabeças: "O Leão *é minha primeira película na qual o tema fundamental é a reflexão sobre a possibilidade de um cinema político do Terceiro Mundo"*.

Um filme sem história

Em 1972, depois de haver passado por Hollywood, pois a United Artists lhe acenara com a proposta de 100 mil dólares para dirigir um roteiro já escolhido pelos produtores, e de manifestar vontade de voltar a filmar no Brasil (desistiu pelo recrudescimento da repressão), Glauber filmou *Câncer*, entre o Rio e Roma, um longa em 16mm: *"O filme não tem história. São três personagens dentro de uma ação violenta. O que eu estava buscando era fazer uma experiência técnica, do problema da resistência da duração do plano cinematográfico"*. Os personagens principais são interpretados por Odete Lara, Hugo Carvana e Antonio Pitanga.

Em Cuba, em 74, Glauber faria *História do Brazyl*, em co-produção com a Itália, um filme com 160 minutos de duração, contando o Brasil de 1500 a 1973. Na verdade, Glauber pretendia um filme ainda mais longo, como disse numa entrevista brasileira antes de sua realização: *"Em sete horas de filme procuro fazer uma descrição cronológica, revelando as estruturas determinantes, as raízes dos problemas brasileiros. Claro que não apresentarei a versão definitiva, por culpa, entre outras coisas, da precariedade da documentação existente. Mas não tenho dúvida de que deste filme se poderá partir para um roteiro que dê aos interessados uma compreensão mais exata e científica do Brasil".*

Claro, outro filme de Glauber inédito no Brasil, foi também realizado na Itália, interpretado por Juliet Berto, MacKay, Tony Scott e Carmelo Bene. Sobre o título, Glauber explicou: *"Porque queria ver claro nas contradições da sociedade capitalista do nosso tempo. O filme é 'claro' por isto eu quis clarear a mim mesmo e à minha visão do mundo. Liberto-me de toda uma metáfora que é abstrata, mas que também é dialeticamente concreta"*. Em 77, *Di*, que, interditado pela família do pintor, não consta da mostra, ganhou o Prêmio Especial do Júri no Festival de Cannes. Nesse mesmo ano, Glauber assinou também *Jorjamado no Cinema*, um filme de ficção feito em 16mm e com 50 minutos de duração. *"Jorge é a verdade psicossocial das massas num clamoroso espetáculo de Poesya e Miséria, Cozinha do Payz. Jorge Amado faz no romance o que Brecht fez no teatro. Convertendo o povo em personagem principal dos dramas, virou de cabeça para baixo a mise-en-scène de um Romance, no caso brazyleiro, que falava do Ocupante na linguagem do Ocupante"*.

Lançado em 1980, *A Idade da Terra* seria seu último, mais caro, mais ambicioso e mais combatido filme, que o autor define como *"um poema didático"*.

Na verdade, um filme misterioso, provavelmente à frente do seu tempo, como intuem alguns apreciadores, que permanece a desafiar interpretações. Exibido na XXXVII Mostra Internacional de Cinema de Veneza, provocou decepções, irritações e saiu sem prêmio algum. Os jurados preferiram o moderno-convencional de Louis Malle e John Cassavetes, respectivamente com *Atlantic City* e *Gloria*, que dividiram o Grande Prêmio. Na noite da entrega, Glauber, conturbado, insultou o cineasta francês, acusando-o, entre outras coisas, de fascista e de cineasta de segunda categoria. Mas houve, mesmo em Veneza, quem não ficasse imune ao misterioso encanto deste filme incomparável (não existe outro semelhante, nem mesmo na própria obra glauberiana), como o cineasta Michelangelo Antonioni: *"Cada cena é uma lição de como se deve construir o cinema moderno"*. Louis Marcornelles, do *Le Monde*, escreveu: *"Tomado ao pé da letra do nosso bom senso ocidental,* A Idade da Terra *pode parecer delirante ou paranóico. E ele o é, decerto. Mas este poema didático tem umas ressonâncias estranhas, uma atualidade incendiária quando se pensa no acontecimento histórico que foi, segundo muitos brasileiros, a visita do papa João Paulo II à terra do Sol".*

Ruy Guerra

Ópera do Malandro, um presente musical do nosso cinema

Jornal da Tarde
19 de dezembro de 1986

O cinema brasileiro já quis fazer musicais antes, mesmo fora das chanchadas radiofônicas dos tempos da Atlântida. Walter Lima Jr. tentou no final dos anos 60 em Brasil Ano 2000, com uma trilha sonora em que brilhavam as assinaturas de Caetano Veloso, Gilberto Gil e Tom Zé e a cristalina voz de Gal Costa dublando Anecy Rocha. Em 1972 Cacá Diegues também quis contar uma história com música e dança com *Quando o Carnaval Chegar*, homenagem ao teatro mambembe e aos cantores do rádio, com linda trilha sonora de Chico Buarque, que era também um dos atores, ao lado de Nara Leão e Maria Bethânia. Foram produções relativamente modestas, realizadas dentro das possibilidades econômicas de um cinema voltado principalmente para seu próprio mercado. *Ópera do Malandro* é uma proposta mais ambiciosa, uma co-produção com a França, feita de olho no mercado internacional. Tanto que antes de concorrer no Festival Internacional do Rio de Janeiro, de onde saiu com o prêmio de melhor direção, o filme já havia passado, sem competir, pelos festivais de Cannes e de Nova York. E já foi lançado comercialmente em Paris – onde apesar de boas críticas não se constituiu propriamente num êxito de bilheteria.

Ópera do Malandro, que na noite de sua exibição no FestRio recebeu a maior ovação do festival, levando a platéia (mas não a crítica) a um inesperado delírio, estréia na próxima quinta-feira em São Paulo. Um presente de Natal do cinema brasileiro (enfrentando concorrentes como *Ginger e Fred*, de Fellini, e *Labirinto*, com David Bowie), assinado por Ruy Guerra, 54 anos, diretor, entre outros filmes, de *Os Cafajestes, Os Deuses e os Mortos, A Queda* e *Erêndira*, um sucesso internacional. Nada que fizesse prever um musical em sua rota, embora outros cineastas tenham passado longos anos de

carreira sem se aproximar do gênero e de repente triunfado com um trabalho assim. Casos de Robert L. Mankiewicz com *Eles e Elas*, ou de Robert Wise com *West Side Story* – por sinal, dois filmes que já foram lembrados a propósito de *Ópera do Malandro*.

- Durante muito tempo procurei uma maneira de começar este filme e só a encontrei quando compreendi as razões que me levaram a fazer um musical. Quando criança, ainda em Moçambique, onde nasci, descobri o cinema através dos musicais da Metro, foi deles que surgiu meu amor pelo cinema. Hoje coloco em questão o fato de esses musicais terem vendido uma determinada imagem da sociedade americana, mas não posso esquecer que eles continham toda a magia do cinema. Com Ópera eu tentei reencontrar a alegria de fazer cinema.

Essa tentativa foi feita na prática durante 15 semanas de filmagem, 13 de filmagens noturnas. Um filme inteiramente passado em estúdio. E que não tenta esconder do espectador que se trata mesmo de um grande cenário e não da própria realidade. *"Eu quis que as pessoas sentissem o tempo todo que se tratava de cinema. Os cenários têm um toque de artificialismo proposital e a trilha sonora foi despojada de qualquer som que parecesse realista demais. O que me interessa na* Ópera *é mostrar que um marginal carioca admira com razão os Estados Unidos nos anos 40, símbolo da luta contra a ditadura, contra o fascismo. Mesmo que ali esteja o embrião que daria origem ao capitalismo selvagem brasileiro. Ou seja, o herói da minha infância tornou-se o vilão da minha idade adulta"*, admite o cineasta que nos anos 60 ganhou um Urso de Prata no Festival de Berlim com *Os Fuzis*.

As canções do filme, cantadas pelos próprios intérpretes (a exceção é Suely Costa dublando Maria Sílvia em *Uma Canção Desnaturada*), têm provocado opiniões diferentes. Ninguém discute sobre sua em geral reconhecida beleza, mas sobre sua integração à ação. Para Ruy Guerra essa integração existe, *"se cortar uma, faz um furo na narrativa. Mas ao mesmo tempo procurei fazer com que elas tivessem um clima diferente. Por isso muitas vezes muda-se a luz como se a tela fosse um palco de teatro".* Nas danças, a preocupação do diretor é *"traduzir a expressão corporal particular dos brasileiros e ao mesmo tempo também adaptar essa expressão ao cinema. Algumas danças são coreografadas pela câmera, outras pelos movimentos dos intérpretes, outras ainda o são pelo ponto de vista adotado: um personagem olha para outros personagens e isto determina toda a coreografia. A primeira dança, a do malandro e seus amigos, aquela em que aparecem todos vestidos de branco, foi filmada bem à maneira americana. Para que o espectador pudesse se sentir num terreno conhecido. É uma introdução, por isso é um número bem curto".*

A atmosfera irreal de *Ópera do Malandro* é sugerida já por seus letreiros, aplicados sobre cenas de *Scarface, Vergonha de uma Nação*, o grande clássico policial de Howard Hawks, com Paul Muni. A câmera se afasta da tela, revela telhados e paredes, afasta-se mais, revela um quarteirão inteiro. A idéia é um filme saindo de dentro de outro filme: *"A linguagem dos meus filmes está baseada em reflexos sucessivos. Impossível saber onde está o real e onde está o imaginado, assim como na cena de Tigrão e do malandro diante do espelho".*

Do elenco, apenas Elba Ramalho esteve na montagem teatral (apenas no Rio, em São Paulo foi substituída por Tânia Alves). Ela interpreta a prostituta Margot, que corresponderia à personagem original de Jenny Espelunca. No filme, contudo, o espaço maior fica para Ludmila, que seria a Polly Peachum do original de Brecht, interpretada por Cláudia Ohana, na época casada com o diretor Guerra. Aliás, a participação da atriz criou um desentendimento entre o cineasta e Chico Buarque, que preferia vê-la dublada nas canções por Zizi Possi ou Jane Duboc. O ponto de vista do diretor acabou prevalecendo.

Para compor o carioca e sedutor malandro Max Overseas, a versão buarquiana de Mack Navalha, Edson Celulari, um paulista de Bauru, confessa ter tido dificuldades. *"Tentei conversar com a velha e com a nova malandragem da Lapa, pegar a ginga e o gestual. Mas só comecei mesmo a encontrar o personagem a partir de uma gravura de malandro do Rio antigo"*. Celulari, tanto no Brasil como no Exterior, tem sido o mais elogiado intérprete do filme. Seu adversário, o corrupto delegado Tigrão, é interpretado por Ney Latorraca. Outros papéis destacados são feitos por Fábio Sabag (Otto Strudel, o pai de Lu), Maria Sílvia (a senhora Strudel), J.C. Viola (Geni), Wilson Grey (Sátiro do Bilhar), e Andréia Dantas (protagonista de um dos mais elogiados números musicais, quando é transformada de retirante em prostituta).

Brasília sob *Os Sermões* de Bressane

O filme de Júlio Bressane tem tudo para levar o Candango no 22° Festival de Brasília

Jornal da Tarde
07 de novembro de 1989

Os Sermões, de Júlio Bressane, é o principal favorito na lista de previsões dos vencedores do 22° Festival do Cinema Brasileiro de Brasília, que encerrou ontem sua parte competitiva com a exibição de Minas Texas, de Carlos Alberto Prates. Este filme aguardado ansiosamente está também cotado para vencer, mas a verdade é que seu antecipado favoritismo perdeu pontos após a exibição na manhã de ontem para o júri e jornalistas. Para alguns críticos, ele se confirmou como grande e inventiva criação cinematográfica – mas era maior o número de decepcionados. Houve até quem o comparasse a "um mau filme de Mel Brooks".

Prates, assim como Bressane (que já venceu em Brasília com *Um Anjo Nasceu*, nos anos 60, e *Tabu*, em 84), permanece um possível ganhador do prêmio de melhor direção, mas é necessário lembrar que também o documentário (com alguma mistura de ficção) *Que Bom Te Ver Viva*, de Lúcia Murat, bateu forte no júri e principalmente na platéia, o que pode lhe garantir no mínimo o prêmio de melhor pelo júri popular. Irene Ravache *(Que Bom)* e a muito sexy e ótima atriz Andréa Beltrão (em *Minas Texas*) não têm concorrentes ao troféu de melhor interpretação feminina. E Othon Bastos, o Padre Vieira de Bressane, é o favorito para melhor ator, a menos que os jurados prefiram não considerar como coadjuvante a esplêndida participação de Álvaro Freire na pele do General Custer de *Minas Texas* – que, ao contrário do esperado por muita gente, nada tem a ver com Wim Wenders, mas com os faroestes B e os seriados da infância dos cinéfilos que hoje estão na faixa dos 40 anos.

Os Sermões tem a mais bela fotografia (de José Tadeu Ribeiro) e uma bonita trilha sonora, de Lívio Tragtenberg, mas este tem um rival forte em Tavinho Moura com *Minas Texas*.

Ao contrário do que tem acontecido nos recentes festivais de Gramado, aqui em Brasília a seleção de curtas-metragens raramente justificou que o espectador ficasse preocupado em chegar ao cinema na hora certa. A exceção talvez fique para Dia de Visita, de Reinaldo Pinheiro e Umberto Martins, que compensa com pungência e verdade sua despreocupação com originalidade. Usando canções populares e altamente descritivas das situações filmadas na sua trilha, o curta registra grupos de seres humanos privados de liberdade, de adolescentes da Febem até aposentados do Retiro dos Artistas, sem deixar de passar por prisões masculinas e femininas.

Ontem, depois de um forçado jejum de estrelas (excentuando-se as cinco do Hotel Carlton, o centro do Festival, das quais duas parecem falsas), Brasília recebeu Irene Ravache, Andréa Beltrão, Othon Bastos e José Dumont, sem falar do presidente da Embrafilme Moacir de Oliveira – que chegou como diretor de um dos episódios de *Brasília, uma Utopia*, a produção local que será exibida esta noite, encerrando um festival extremamente concorrido e prestigiado pelo público.

Minas Texas

Carlos Alberto Prates é um cineasta mineiro, fazendo filmes para mineiros? – indagava-se à saída de *Minas Texas*. A resposta será provavelmente afirmativa, tanto quanto no caso de se dizer que James Joyce escreve para irlandeses. Quem viveu em Dublin, talvez se sinta mais próximo do universo dos "Dublinenses", naturalmente – o que não impede ou impossibilita outras formas de leitura e fruição. Com o joyceano cinema de Prates (o fluxo da consciência, a associação de idéias, de sonoridades, de gestos, o jogo com a imagem como o jogo com as palavras etc.) acontece mais ou menos isto desde o fulgurante Cabaret Mineiro.

Em *Minas Texas* o cineasta uma vez mais faz um deslumbrante inventário arqueológico – memórias, histórias, fatos, suas interpretações & deformações –, relaciona essa cultura com a invasão da cultura e do imaginário estrangeiro, registra o processo de "antropofagização" dessa cultura e desses gestos, e brinca, cria ludicamente sobre isso tudo. *Minas Texas* é uma história de amor, como a contada por Nicholas Ray em *Johnny Guitar*, citado de muitas maneiras e muitas vezes ao longo do filme; é uma reflexão sobre a passagem do tempo, sobre a memória e até sobre a supressão do tempo; é um musical coreografado com a câmera e iluminado pela irresistível vivacidade de Andréa Beltrão; é uma colagem caleidoscópica, que inclusive utiliza (talvez em excesso) imagens de filmes antigos de faroeste; e um exercício de cinema poético de absoluta liberdade. Um filme raro, estranho na sua distância do convencional e por isso mesmo difícil – mas belíssimo para quem se deixar tocar por seu inesgotável arsenal de seduções.

CRÍTICAS

PARTE 2 - Grandes diretores

Francis Ford Copolla

Nastassia Kinski, Frederic Forrest, Teri Garr e Raul Julia, o brilhante elenco deste belo momento de cinema – O Fundo do Coração

Coppola, numa corajosa prova de fidelidade a si mesmo

Jornal da Tarde

24 de setembro de 1983

O Fundo do Coração (One From the Heart) – Direção, Francis Ford Coppola. Roteiro, Armyan Bernstein e Coppola. Fotografia, Vittorio Storaro. Música, Tom Waits. Direção de arte, Dean Tavoularis. Com Frederic Forrest, Teri Garr, Raul Julia, Nastassia Kinski, Lainie Kazan, Harry Dean Stanton. Produção 1982, Estados Unidos. Cines Barão, Gazetinha, Paramount 1, Eldorado 1 e Copan.

O biscoito é finíssimo, mais ainda não foi desta vez que a massa pôde descobrir as sutilezas do seu requintado sabor. Como tantos outros artistas, o cineasta norte-americano Francis Ford Coppola, 44 anos, distanciou-se do grande público à medida que conseguiu ser mais independente e pessoal: arrecadou mais de uma centena de milhões de dólares com as duas partes de *O Poderoso Chefão*, perdeu muito público – embora recebendo premiações importantes – com o notável *A Conversação*, e começou a sucumbir comercialmente ao realizar *Apocalipse Now*, delirante e inigualável painel sobre a guerra e a deformação que ela provoca na mente humana. Com este personalíssimo, e também caríssimo (26 milhões de dólares) *O Fundo do Coração*, o cineasta-produtor, que pretendia ressuscitar a Hollywood dos velhos tempos acrescida de um tempero intelectual, chegou realmente ao fundo. Depois disto, realizou dois filmes de produção média destinados ao público juvenil, *The Outsiders* e *The Rumble Fish*, ambos baseados em histórias da escritora Susan Hinton, de desempenho apenas mediano junto ao público e friamente recebidos pelos críticos. E no momento deixa de ser seu próprio patrão, pela oportunidade de dirigir um filme para o produtor Robert Evans.

Arrogante e megalomaníaco, Coppola acumulou inimigos em sua estrada para o êxito. Não fora isto, como explicar o infantilóide prazer da crítica – norte-americana, especialmente, mas aqui no Brasil a mesma coisa aconteceu em relação à *Idade da Terra*, de Glauber Rocha – em destruir essa tentativa no mínimo originalíssima de se fazer um filme musical? Crítico, contundente, realista ao tratar dos sentimentos, fantástico em sua encenação, *One From the Heart* é um momento cinematográfico por enquanto incomparável. Coppola tenta um casamento, de harmonia visivelmente irregular, entre sua criatividade e a mais alta tecnologia colocada a serviço do cinema.

A história é simples, praticamente banal, tendo a cidade de Las Vegas, a capital norte-americana da fantasia, do artificial e da opulência, como cenário. Fala sobre dois casais, um deles real, composto pelo sócio de um ferro-velho e por uma funcionária decoradora de vitrinas de agência de viagem. O outro é uma espécie de projeção dos sonhos eróticos do primeiro, que vive junto há cinco anos e luta contra o tédio e o desgaste dessa relação. É formado por um garçom – ou seria cantor? – de boate, perfeita caricatura do amante latino segundo os delírios eróticos americanos, e uma acrobata cujos olhos de ressaca são apropriadamente emoldurados por uma gigantesca taça de Martini em sua primeira aparição. Num feriado de 4 de Julho (Dia da Independência), o casal verdadeiro concede-se um interregno de liberdade para mergulhar na fantasia.

O filme registra este mergulho, construindo cada momento segundo todas as fantásticas tradições da ilusão cinematográfica. Assim, Coppola decidiu não oferecer espaços físicos para a realidade: tudo se passa em estúdio, com Las Vegas inteiramente reconstruída em cenários deslumbrantes, cujos fantásticos efeitos são ainda multiplicados em trabalhos de laboratório. Em várias oportunidades o casal central se cruza na tela, em cenários diferentes e superpostos. Um tango coreografado no fundo de uma boate pode levar ao despertar numa ilha tropical, sob as luzes faiscantes do transatlântico que Fellini utilizou em *Amarcord* – e sobre um mar inteiramente plastificado, como o mar, também felliniano, de *Casanova*. E uma corrida por essa ilha fantástica pode desembocar numa vitrina, da qual se salta para o meio de uma multidão que dança freneticamente sobre o asfalto úmido de uma rua de Las Vegas.

Consumismo, fantasias, sonhos de riquezas, as relações entre homem e mulher, posse, ciúme, felicidade – tudo é sutilmente comentado, seja através dos diálogos de perfeita naturalidade ou nas canções quase sempre lindas. O diretor de arte Dean Tavoularis e o fotógrafo Vittorio Storaro brilham intensa e obviamente. Este brilho, contudo, fica bem menos óbvio (embora não necessariamente menos intenso) na atuação dos intérpretes (Frederic Forrest e Teri Garr como o casal de verdade, Raul Julia e Nastassia Kinski – esta com menos oportunidades – como suas fantasias de felicidade) ou nos delicadíssimos arremates do diretor, que tem a coragem de levar seu projeto até o fim, sem nenhuma concessão. Termina sua fábula de forma amarga, devolvendo tanto seus personagens como o espectador aos fantasmas do cotidiano, à incerteza das relações afetivas, à fragilidade dos sonhos que mantêm teso o arco da vida. Fez o filme que queria, quando através de toda a história do cinema se vêem grandes criadores, porém economicamente menos poderosos do que ele era, cerceados em seus grandes sonhos pessoais. Só esta corajosa fidelidade a si mesmo já faria Francis Ford Coppola digno de respeito e atenção, ainda que ele tivesse realizado um filme desinteressante. O que não é, de forma nenhuma, o caso de *O Fundo do Coração*.

Jazz e crimes, em eletrizantes momentos

Jornal da Tarde
15 de maio de 1986

Raros filmes custaram tanto dinheiro. De estouro em estouro no orçamento, Francis Ford Coppola acabou gastando cerca de 45 milhões de dólares para colocar na tela os mais eletrizantes momentos da era do jazz e do gangsterismo organizado em *The Cotton Club*, que estréia hoje na cidade (veja no roteiro do Divirta-se). Um filme que desagradou profundamente à maioria dos críticos americanos, que nos Estados Unidos não conseguiu arrastar aos cinemas as multidões necessárias à recuperação do investimento. Mas que na Europa coleciona admiradores, seja entre a crítica seja entre o público, que não faz filas para os *Rambos* e *Rocky*. No Brasil *The Cotton Club* tem sido desde o ano passado uma das atrações dessa forma de redução à banalização do ritual cinematográfico chamado videocassete. Onde também faz sucesso outro inédito de Coppola, *Rumble Fish*, mais conhecido entre os consumidores como "aquele filme do peixinho colorido".

The Cotton Club é o penúltimo filme de Coppola, nascido em 1939, seu 13° longa-metragem (contando-se nessa relação *Tonight for Sure*! e *Dementia 13*, realizada em 1962 e 63, de limitada distribuição em circuitos comerciais; seu primeiro filme exibido, internacionalmente foi *Agora Você É um Homem*, de 1966), seu primeiro trabalho nos últimos anos realizado fora de sua própria empresa, a falida Zoetrope Company. Depois disso, ele já filmou *Peggy Sue Got Married*, com Kathleen Turner, que ainda não foi lançado nos Estados Unidos.

The Cotton Club é uma produção de Robert Evans, ator medíocre (foi o toureiro que Ava Gardner seduzia em *E Agora Brilha o Sol*) e bem-sucedido produtor de êxitos como *Love Story, O Bebê de Rosemary* e *Os Fugitivos*, filme em que perdeu sua então mulher Ali McGraw para o astro Steve McQueen. Conta-se que Evans contratou Coppola por dois milhões e meio de dólares, para dirigir o filme e "dar um jeito" no roteiro original, de Mario Puzzo, de quem ele já filmara *O Poderoso Chefão*. Coppola, como se previa, acabou se tornando o dono do filme, deixando Evans sem nenhum poder. O roteiro, baseado em romance de Jim Haskins, publicado em 1977, foi reescrito em parceria com William Kennedy (romancista premiado com o Pulitzer por *The Ironweed*, provável próximo filme de Hector Babenco) e as filmagens se iniciaram em agosto de 1983. Antes, um problema para escolha do ator principal: Sylvester Stallone foi o primeiro a ser procurado por Evans e recusou, o mesmo acontecendo com Richard Pryor, que embora convidado para interpretar o dançarino Sandman ficaria perfeito como o trompetista Dixie Dwyer. Isto porque não existe registro histórico de nenhum músico branco tocando no *The Cotton Club*, o mais célebre de todos os endereços do jazz em Nova York, fundado em 1920, no bairro negro do Harlem e fechado definitivamente em 1940, quando já instalado na parte "branca" de Manhattan, esquina da avenida Broadway com a rua 48.

Ao preço, muito discutido, de três milhões de dólares, Richard Gere concordou em deixar crescer bigodes e emprestar sua atlética silhueta branca para o personagem. Com seis semanas de filmagem, Coppola deu seu golpe: ameaçou abandonar tudo por falta de dinheiro e, como resultado e garantia de retorno, ganhou os plenos poderes que desejava. As últimas cenas, uma seqüência diante do reconstituído *Cotton Club*, às seis da manhã, com a rua coberta de neve, foram filmadas dia 23 de dezembro de 1983.

Gere acabou figurando nos letreiros como astro absoluto, o que não aconteceria se Richard Pryor tivesse recebido os quatro milhões de dólares que pediu para interpretar o dançarino Sandman Williams, personagem inspirado no sapateador Bill Bojangles Robinson. O papel acabou ficando com Gregory Hines, que na época acabara de fazer grande sucesso na Broadway no musical Sophisticated Ladies, ao lado da bailarina Judith Jameson. Ao deixar o show ele foi substituído por seu irmão Maurice, que também integra o elenco de *The Cotton Club*. Gregory Hines originalmente faria um papel menor, o do cantor Cab Calloway, um dos muitos grandes nomes que fizeram a fama do *The Cotton Club*. Entre outros artistas que se apresentaram nessa casa de elenco negro (mas de proprietários como os gângsteres Owney Madden e Walter Brooks, diretores e técnicos sempre brancos, sem falar da freguesia, já que poucos negros poderiam pagar os preços cobrados lá), estão King Oliver, Duke Ellington (foi sua banda que fez do lugar um must), Ethel Waters, Bill Bojangles Robinson, Adelaide Hall, Lena Horne, Louis Armstrong e Dorothy Dandridge, como integrante das Dandridge Sisters.

No filme de Coppola, a fauna de clientes, gângsteres e músicos tem intérpretes pouco conhecidos. Além de Gere e Hines (que contracenou com o bailarino Baryshnikov em *O Sol da Meia-noite*), os únicos nomes identificáveis no elenco são Diane Lane (como o amor impossível do trompetista, já que é a favorita do gângster Dutch Schultz, cuja vida é salva pelo músico), James Remar (como Schultz) e a negra Lonette McKee, que além de representar também canta e faz par com Hines. A fotografia é de Stephen Goldblatt e a trilha sonora de John Barry. Este compositor, premiado com o Oscar por *Entre Dois Amores*, atuou não somente como autor, mas principalmente como produtor musical, selecionando blues, charlestons e stomps da época. Barry compôs diretamente para o filme, mas soube deixar o maior espaço para as composições de Duke Ellington. Assim, estão no filme (e no disco, lançado no Brasil pela CBS), com regência de Barry e arranjos e transcrições de Bob Wilber, *The Mooche, Cotton Club Stomp 1, Cotton Club Stomp 2, Mood Indigo*, entre outras. Hines canta *Copper Colored Gal*, para Lonette McKee, que por sua vez canta – num timbre muito mais próximo de Billie Holiday do que o conseguido por Diana Ross, quando interpretou sua vida em *O caso de Uma Estrela – Ill Win*".

Dois filmes: um ótimo, outro...

Jornal da Tarde
20 de maio de 1986

Cotton Club é um soberbo espetáculo musical. E também um fraco filme de gângsteres.

Cotton Club (idem) – Direção, Francis Coppola. Roteiro, Coppola e William Kennedy, a partir de uma história de Mario Puzzo. Fotografia, Stephen Goldblatt. Música, John Barry. Com Richard Gere, Diane Lane, Gregory Hines, Maurice Hines, Bob Haskins, Allen Garfield, Julian Beck, Nicolas Cage, Verdon, Lonette McKee, Joe Dalessandro, Tom Waits, etc. Produção 1984, Estados Unidos. Cines Liberty, Olido, Iguatemi, Morumbi, Biarritz, Lumière e Center Norte. Censura 14 anos.

Parecem dois filmes, montados à força para se transformarem num só. Há uma fraca e convencional história de disputas de gângsteres durante o período da Depressão e da Lei Seca, entre os últimos anos da década de 20 e os primeiros da década de 30, em Nova York. E há também uma história, ou melhor ainda, uma celebração, da música negra americana, especialmente a música criada e executada no cabaré The *Cotton Club*, no bairro negro do Harlem. Onde, durante a maior parte do tempo coberto pela ação, os negros só podiam entrar pela porta de serviço como empregados subalternos, como artistas, já que tanto proprietários e gerentes como clientes tinham como indispensável passaporte a alvura da pele.

Se Coppola quisesse fazer deste seu 13° mais dispendioso filme (*Cotton Club* teria custado 47 milhões de dólares, o que corresponde mais ou menos ao orçamento de toda a produção brasileira – calculando-se uma média de 80 filmes por ano – durante três anos) um musical sobre a era do jazz, teria realizado um soberbo espetáculo. Difícil imaginar melhor som e ritmo, da orquestra de Duke Ellington à orquestra e voz de Cab Calloway (aliás, o ator-cantor que faz seu papel, e que a má divulgação do filme no Brasil não informa de quem se trata, é sensacional), passando por cantoras como Lena Horne, e pela quintessência do tap dancing (sapateado).

Todos os números musicais, da abertura ao fechamento do filme, têm deslumbrante encenação e montagem cinematográfica. Mas a escaldante temperatura de *Cotton Club* desce a níveis gélidos todas as vezes que Coppola tenta colocar a trama policial-afetiva em primeiro plano. O triângulo amoroso formado pelo trompetista Dixie Dwyer (Richard Gere, boa presença, fisicamente parecidíssimo com Errol Flynn), pelo superbandido Dutch Schultz (o careteiro James Remar) e pela arrivista Vera Cicero (a bonita e quase inexpressiva Diane Lane) não tem força suficiente para impor-se à emoção do espectador. Assim como também as relações entre Dwyer e sua mãe (a maravilhosa dançarina Gwen Verdon) ou seu irmão (Nicolas Cage, de Birdy, sobrinho de Coppola), que se torna um desastrado criminoso. E a ascensão do personagem principal a Hollywood, via Gloria Swanson, inserida numa gostosa vinheta, como o são também outros personagens reais do show-bizz, como Fanny Brice, Charles Chaplin e James Cagney, parece ter sido sacrificada no complexo acabamento de *Cotton Club*. Que, como as recentes superproduções de Coppola, passou um tempo bem maior do que o normal da sala de montagem até que o diretor escolhesse uma "versão definitiva".

Pelo que se vê na tela é fácil concluir que o filme poderia ter seguido vários outros rumos, tanto nas relações entre os personagens como em seu desfecho, onde Coppola revaloriza a redundância e o lugar comum na primorosa montagem que alterna o massacre no restaurante italiano com o sapateado de Gregory Hines, um ator que só deveria representar da cintura para baixo. Mas também pelo que se vê na tela é igualmente fácil perceber que *Cotton Club* vale cada centavo pago pelo ingresso. Apesar do seu desequilíbrio entre a história de gângsteres e o musical, poucas vezes o cinema pôde celebrar com tanto entusiasmo e recursos cinematográficos a melhor música já criada nos Estados Unidos, sem falar dos recursos econômicos em quantidade jamais aplicada a uma produção musical. O insucesso comercial do filme nos Estados Unidos alarma ainda mais do que surpreende: porque é uma prova irrefutável da estupidificação massificada do maior mercado cinematográfico do mundo, que ao ignorar *Cotton Club* transforma os Stallone, Schwarzenegger, ou qualquer descartável produto Spielberg em recordista de bilheteria.

Um devaneio. Ao mesmo tempo, um filme denso, profundo, melancólico

Em *Peggy Sue, Seu Passado a Espera*, o melhor é Kathleen Turner, que filtra na tela todas as emoções e sentimentos de uma grande atriz.

Jornal da Tarde

30 de abril de 1987

Peggy Sue – Seu Passado a Espera (Peggy Sue Got Married) – Direção, Francis Ford Coppola. Roteiro, Jerry Leichtling & Arlene Sarner. Fotografia, Jordan Cronenweth. Música, John Barry. Com Kathleen Turner, Nicolas Cage, Barry Miller, Don Murray, Maureen O'Sullivan, Leon Ames, John Carradine, Kevin J. O'Connor, Catherine Hicks, Joan Allen etc. Produção 1986, Estados Unidos. Cines Gazeta, Olido 3, Eldorado 2. Censura, 14 anos.

"Se naquele tempo eu soubesse o que sei hoje, minha vida teria sido bem diferente", imagina Peggy Sue, 42 anos, mãe de um casal de filhos, recém-separada do marido a quem namorara desde a adolescência e a quem ainda ama, ao chegar à festa dos 25 anos de formatura de sua turma. Usa o mesmo vestido, é bonita a anatomicamente harmoniosa para caber dentro dele, para ser novamente escolhida, como fora há um quarto de século, a rainha da turma. Encontro com o ex-marido, a admiração dos colegas, uma chamada ao palco, um desmaio. E o que era apenas um desejo impossível torna-se realidade: Peggy Sue, sabendo tudo o que sabe hoje, acorda 25 anos atrás.

Um pouco como quem brinca, um pouco como quem chora, *Peggy Sue* é um devaneio elegante e profundamente melancólico cunhado com superior classe cinematográfica. Um filme ao velho estilo e, ao mesmo tempo, um filme extremamente moderno. Comédia nostálgica e um tocante mergulho nas teias abstratas que compõem esse enigma chamado vida humana, como o amor, a memória, as perdas emocionais e suas cicatrizes. É possível rir-se muito. Desde a festa inicial, quando um dos participantes confessa a uma colega que a maior vantagem da sua profissão de dentista é conseguir cocaína puríssima, enquanto demonstra na prática o que está dizendo. Ou em muitos momentos da volta ao passado: como quando Peggy, antes da liberação sexual, preparando-se para sair com o namorado, recebe de sua mãe uma advertência definitiva: *"Você já sabe o que é um pênis. Então, mantenha distância!"* Ou quando a consciente heroína, já sabendo que os sonhos de seu marido em relação ao sucesso como cantor dariam errado, lhe oferece de presente uma canção com o refrão *"She loves you, yeh, yeh, yeh"*, e o rapaz lhe conta que fez algumas pequenas correções, mudando para *"She loves me oh, oh,"*.Mas qualquer gargalhada provocada por este filme dói muito, há um travo amargo em todas as suas tentativas de alegria. Esta viagem de Peggy Sue pelo seu passado provoca uma angústia semelhante à de Rock Hudson tentando recuperar sua juventude no excelente *O Segundo Rosto*, o melhor filme de John Frankenheimer, ou até mesmo um pouco da tristeza de Jack Nicholson mudando de identidade em *O Passageiro: Profissão Repórter*, obra-prima de Michelangelo Antonioni. Quer dizer, Francis Coppola vai muito além da dupla Bob Zemeckis/Steven Spielberg em *De Volta para o Futuro*, uma história também semelhante e que, embora filmada antes, foi escrita depois do roteiro – aliás, magistral – de *Peggy Sue*. São dois filmes tão diferentes quanto, por exemplo, o humor esperto de uma Rita Lee e as piadinhas rasteiramente preconceituosas do Ultraje a Rigor.

O filme não é a perfeição. Tem alguns desequilíbrios e pelo menos uma vez, no desfecho da visita de Peggy aos avós, quase desanda. Mas recupera-se para um final tão elegante que absolve até a obviedade do mergulho no espelho tornado explícito pela imagem. Todos os elementos que compõem a produção são de alta qualidade, da fotografia à trilha sonora, passando pelos figurinos (de Theadora Van Runkle) e especialmente pelo planejamento visual de Dean Tavoularis, que já trabalhara com Coppola em *Apocalypse Now* e *O Fundo do Coração.* E o filme tem ainda, ou principalmente, Kathleen Turner, 32 anos, o mais convincente de todos os apelos ao embarque nesse sonho existencial. Em princípio ela pode parecer jovem demais quando velha ou vice-versa. Esqueçam: não se trata de um filme para premiar o maquiador, mas para mostrar uma das melhores atrizes dos últimos anos. O que ela filtra na tela são sentimentos, emoções, estados de espírito com clareza e inteligência. Ela é expressão física desses abstratos que fazem de *Peggy Sue* um filme denso e profundo e, ao mesmo tempo, confirmam o cinema como um dos prazeres supremos da civilização.

O Vietnã, do outro lado. O de Coppola

Jornal da Tarde

23 de junho de 1988

Jardins de Pedra (Gardens of Stone) – Direção, Francis Ford Coppola. Roteiro, Ronald Bass, baseado em romance de Nicholas Proffitt. Fotografia, Jordan Cronenweth. Música, Carmine Coppola. Com James Caan, Anjelica Huston, James Earl Jones, Lonette McKee, D.B. Sweeney, Mary Stuart Masterson, Sam Bottoms, Casey Siemasko etc. Produção 1987, Estados Unidos. Cones Arouche A e Cinearte Um. Censura 10 anos.

Comparado aos melhores momentos do seu diretor Francis Ford Coppola, *Jardins de Pedra* pode ser considerado como um filme menor. Parece, por exemplo, muito menos autoral do que *Rumble Fish*, a *Conversação* ou *Apocalipse*, além de chocantemente diferente deste último, que acrescentava seu imenso fascínio cinematográfico com um grandiloqüente discurso de horror (que não excluía o fascínio) à guerra. *Jardins de Pedra*, ao contrário de qualquer grandiloqüência, usa compaixão e uma carrancuda ternura para falar de guerreiros. Às vezes parece militarista, às vezes parece patrioteiro na sua respeitosa admiração pela honradez pessoal dos militares ou na sua celebração do estilo americano de vida. Mas reduzir este belo filme menor a limites assim será injusto.

Jardins de Pedra é também uma sensível e dolorida visão da guerra do Vietnã feita de dentro de casa, cheia de amargura e pessimismo com relação aos seus propósitos, justiça ou ao seu desfecho, justamente no ano de 1968, em que a violenta ofensiva vietcongue do Ano Novo vietnamita levou soldados inimigos até os jardins da embaixada dos Estados Unidos, em Saigon. Imagens que, veiculadas pela televisão, confirmaram para a sociedade norte-americana um descompasso entre as estatísticas do Pentágono e os fatos reais. São a estes que Jardins de Pedra se reporta, tendo como cenário não os arrozais e florestas vietnamitas, mas o cemitério nacional de Arlington, em Washington. Lá, entre montes verdejantes e lápides de mármore branco, repousam os que o sistema celebra como heróis.

Em torno deste cenário majestoso e tétrico se movimentam as personagens do filme, um grupo de militares encarregados do ritualístico sepultamento dos corpos que retornam. Os principais particularizados pelo roteiro são um veterano realista (James Caan) e um jovem soldado (D.B. Sweeney), que ainda sonha com atos de bravura e condecorações como indispensável pavimento de uma grande carreira militar. O primeiro sabe de todo o horror e quer retornar, acreditando que pode salvar gente como seu jovem e idealista protegido, tanto das armadilhas do vietcongue como da própria ingenuidade que uma idéia romântica de patriotismo torna ainda mais vulnerável. Além dessa dupla, o filme descreve também seus relacionamentos dentro e fora da caserna – como o caso entre o veterano militar e uma repórter (Anjelica Huston) pacifista – sempre num tom intimista.

Já se viu antes outros filmes assim, onde soldados têm na sua ligação com o Exército o centro e motivo principal de suas vidas. Mas esta história de exaltação militarista narrada por Coppola acaba se tornando muito diferente: ao chegar tão perto da farda militar e dos estereótipos e mistificações ligados a ela, *Jardins de Pedra* acaba atravessando essa couraça para tentar, como poucos filmes feitos pelo cinema industrial norte-americano, compreender a natureza dos que estão por trás dela.

Rumble Fish. Ou: o existencialismo para adolescentes

Jornal da Tarde
28 de janeiro de 1989

Houve um tempo em que era moda apagar cigarros na palma da mão, ouvir canções cheias de angústia pela voz rouca de Juliette Grèco, embriagar-se com um líquido amarelado chamado pastis, citar, mesmo sem ter lido, um filósofo chamado Jean-Paul Sartre, sentir frio na espinha ao ruído de uma motocicleta. Se você gosta de modas, fique atento. Esta, que os franceses criaram entre os últimos anos 40 e os primeiros 50, pode retornar hoje, adaptada para o inglês e ambientada nos Estados Unidos, a partir das 23h40 pela Rede Globo. O programa da Sessão de Gala é *O Selvagem da Motocicleta*, bombástico codinome que a estupidez de algum exibidor brasileiro atribuiu ao existencialista *Rumble Fish*, pequeno filme realizado em 1983 por Francis Ford Coppola, na época financeiramente alquebrado pelo estrondoso fracasso do musical *O Fundo do Coração*.

Rumble Fish é pequeno sim, mas pretensioso. Ou não seria um filme de Coppola. Foi filmado logo em seguida a *The Outsiders (Vidas sem Rumo)*, adaptado de outro romance da mesma autora infanto-juvenil Susan E. Hinton (lançado no Brasil pela Brasiliense), que, aliás, participa rapidamente de ambos como atriz. Coppola diz que ao filmar *Rumble Fish* estava interessado *"em realizar uma obra anarquista sobre a juventude. A juventude não tem lugar para crescer e as instituições querem somente controlá-la. Existe em tudo uma visão política"*.

Peixe de briga

Esta visão impregna a história do adolescente Rusty James (Matt Dillon, então visto como o herdeiro natural do mitológico James Dean, 1931-1955), adolescente rebelde e esquentado. Rusty sonha com a garota bonita da escola (Diane Lane, que esteve em São Paulo ano passado, acompanhando Christophe Lambert) e idolatra seu irmão mais velho, lendário líder de gangue conhecido como "Motorcycle Boy" (Mickey Rourke), que está desaparecido. Um dia ele retorna, diferente. Sem achar mais sentido em brigas, em desejos de liderança, em viver. Volta meio surdo de tanto levar pancada e daltônico – daí Coppola ter decidido fotografar *Rumble Fish* em preto e branco, deixando colorido apenas o peixe-metáfora do título original.

"*Rumble fish*", peixe de briga, simboliza o personagem e a situação tensa e irrespirável em que vivem. (*"Rodei em Tulsa, porque queria uma atmosfera quente, sufocante, queria um filme torturante, de clima"*, explica o diretor). Um peixe exótico que quando colocado em aquário briga até a morte com outro igual; ou contra sua própria imagem, ao se ver refletido por qualquer espelho. Coppola diz também que se trata de *"um filme existencial para adolescentes, ou uma obra de Albert Camus para crianças"*. Críticos norte-americanos irritaram-se com esta declaração e receberam o filme com gritos de ódio dignos da multidão que o estrangeiro e assassino sem causa Mersault imaginava como platéia para sua execução.

O diretor não conseguiu também melhorar seu saldo bancário, mas pelo menos ficou de alma lavada a partir do lançamento de *Rumble Fish* na França. Lá ninguém chamou o filme de defasada experiência de cinema infanto-juvenil nem acusou o seu autor de ter vendido a alma em troca de domínio inútil e fútil de todos os ângulos da câmera ou de ter lançado mão de golpes baixos para deslumbrar críticos impressionáveis.

Gostar de *Rumble Fish*, como de qualquer obra cinematográfica, depende de se deixar seduzir ou não pelas propostas do seu criador. Coppola mostra-se muito mais ambicioso do que a escritora Susan E. Hinton. Ela escreveu sua história, a partir da impressão causada pela foto de um jovem sobre sua moto em 1967, primeiro como trabalho de faculdade e só em 76 o ampliou para as dimensões de livro. O filme muda a estrutura em *flash-backs* da narrativa literária e coloca sombras mais densas e profundas na descrição das relações entre os dois irmãos e deles com seu pai bêbado, magnífica aparição de Dennis

Hopper, que na época nem precisava interpretar para fazer esse tipo de personagem.

Compulsão experimentalista

Rumble Fish foge do convencional o tempo todo, ao contrário de *The Outsiders*, que só não será esquecido porque lançou ou confirmou jovens intérpretes como o próprio Dillon, C. Thomas Howell, Ralph Macchio, Patrick Swayze, Rob Lowe, Diane Lane, Emilio Estevez e Tom Cruise. Coppola exibe a energia criadora dos seus primeiros filmes, como *Caminhos Mal Traçados (The Rain People)* e uma vibrante compulsão experimentalista. Submeteu seu jovem elenco, assim como o fotógrafo Stephen H. Burum, o diretor de arte Dean Tavoularis e o autor da trilha sonora, Stewart Copeland, baterista do grupo The Police, a repetidas sessões de *O Gabinete do Dr. Caligari* (1919, Robert Wiene), *Aurora* (1927, primeiro filme do alemão F.W. Murnau nos Estados Unidos) e – surpresa – de *Decisão Antes do Amanhecer (Decision Before Dawn, 51)*, thriller dirigido por Anatole Litvak considerado como excepcionalmente realista para a época, sobre um nazista prisioneiro de guerra que retorna à Alemanha como espião dos Estados Unidos. *"Este filme tinha o mesmo estado mental caótico do mundo refletido em suas imagens"*, lembra Coppola.

Em termos visuais, *Rumble Fish* ficou mais surrealista do que propriamente expressionista. Há nuvens fotografadas em movimento, sombras pintadas, às vezes de maneira óbvia, muita fumaça, bichos empalhados, presença constante de relógios – até sem ponteiros, à maneira de Dali. No interior desse premeditado darkismo, sugestões de abertura e de fuga figuradas por estradas, rios, caminhos de ferro, como observou o crítico Rubens Ewald Filho.

Ritmo e Coreografia

Na concepção de Coppola, música e som têm uma importância fundamental em *Rumble Fish*. Isso determinou sua opção por Copeland que, sendo baterista, poderia traduzir mais naturalmente através do ritmo o sentimento de urgência e de tempo fugindo. O compositor utilizou muito mais ruídos do que propriamente sonoridades musicais, numa radical inversão do que fizera Carmine Coppola (pai do diretor) na trilha sonora de *The Outsiders*, em que a música era derramada sobre tudo. Outra importante participação requisitada por Coppola foi a do coreógrafo Michael Smuin, do San Francisco Ballet, que dirigiu na Broadway o musical *Sophisticated Ladies* (em 81, com a bailarina Judith Jameson e canções de Cole Porter). Smuin marcou coreograficamente a luta entre Rusty James e Biff, surrealisticamente fechada pela moto que avança sem piloto.

Como em todos os filmes de Coppola, os atores fazem o melhor que podem. Matt Dillon, sempre mau ator, nunca esteve tão correto. Foi seu terceiro personagem de Susan E. Hinton seguido: antes de *The Outsiders* ele filmara *Tex*, que não passou no Brasil. Dillon – ao que consta, encantado por todas as desmedidas do êxito precoce – só baixou depois, distanciando-se cada vez mais da perseguida imagem de James Dean dos anos 80. Em eclipse anda também a bonita Diane Lane, que trabalhou outra vez com Coppola, em *Cotton Club*, e estrelou *Ruas de Fogo*. Mickey Rourke e Nicholas Cage (sobrinho do diretor) subiram vertiginosamente, enquanto Dennis Hopper religou em ritmo frenético uma carreira então atropelada por drogas e álcool. Christopher Penn (irmão de Sean) continua tentando ser pelo menos reconhecido. Coisa que Tom Waits tem conseguido com esforço menor: ele aparecera antes em *The Outsiders*, voltaria a trabalhar com Coppola em *Cotton Club* e se estabeleceria como ator, independentemente do seu trabalho musical, em *Daunbailó* e *Ironweed*.

Em tempo: *Rumble Fish*, que Coppola dedica a seu irmão mais velho, é um filme de cinema, pensado para o cinema. Ou seja, para ser visto em tela grande, onde contrastes e sutilezas têm mais nitidez. A tela pequena muito provavelmente não fará bem à sua trabalhada iluminação, ao impacto do peixinho colorido contrastado com o preto e branco geral. Quem achar pouco, contudo, ainda tem a possibilidade de encontrar o romance original em qualquer livraria e conferir as razões que levaram Coppola (no momento tentando levantar recursos para uma produção a ser filmada em Cinecittá, Roma, pelo processo TV de alta definição, amargando o malogro, desta vez apenas comercial, de Tucker) a ligar-se tanto à escritora Susan E. Hinton. *"Primeiro eu gostei de* Rumble Fish *porque era um livro curto, e eu gosto de histórias curtas. Mas ele trazia também uma visão, um diálogo, personagens terríveis e impressionantes, idéias complicadas. O tipo de idéias que você não compreende inteiramente, mas sente que entende de algum modo".*

Todos os Chefões de Coppola

Jornal da Tarde
13 de março de 1991

A partir de sexta-feira, o ultimo capítulo da saga da família Corleone estréia nos cinemas da cidade, enquanto a TV Globo reprisa hoje o primeiro. Para completar a história, basta assistir à parte 2 em vídeo.

Dentro de 48 horas, pelo menos dez telas da cidade estarão ocupadas pelas imagens de *O Poderoso Chefão, 3ª parte*, a espetacular reabilitação do diretor Francis Ford Coppola de bobagens subliterárias como *O Selvagem da Motocicleta* ou auto-indulgentes tipo *Tucker*. Mas antes, a partir das 22h55 de hoje pela Rede Globo, o espectador que conseguir controlar sua alergia à mediocridade da dublagem feita para a TV, pode marcar um reencontro com o primeiro capítulo desta saga familiar. *O Poderoso Chefão 1* recebeu três Oscars da Academia em 1972 – melhor filme, ator (para Marlon Brando) e roteiro (Coppola e Mario Puzo, autor do romance, um best-seller mundial) –, conseguiu ser favorito da crítica e campeão de bilheteria ao mesmo tempo, provocando polêmica ou até indignação em todo o mundo ao descrever uma corporação criminosa como metáfora da América.

Coppola e Puzo criaram uma espetacular mistura de criminalidade com calorosas relações familiares através do clã dos Corleone. A história já era conhecida dos milhões de leitores do romance de Puzo. O extraordinário no filme é a maneira como Coppola transforma criminosos em admiráveis seres humanos, mitifica seu suposto código de ética e faz do espectador o mais dócil cúmplice do seu estilo de vida. Os Corleone são mafiosos, embora para evitar qualquer confusão a palavra Máfia jamais seja pronunciada no filme (todos dizem apenas "A Família"). Mas, antes dos banhos de sangue – *The Godfather* elasteceu os limites de violência até então conhecidos em grandes produções de Hollywood –, o diretor introduz suas personagens através de rituais familiares e/ou religiosos. Após a primeira seqüência escura e misteriosa, quando se estabelece o poder e a dimensão da patriarcal figura de Don Vito Corleone (Brando), há uma deslumbrante seqüência de casamento. Assim como um batizado é alternado no final com um inesquecível massacre.

Violência e cumplicidade

A noiva Connie Corleone (Talia Shire) é a filha do patriarca. Laços familiares, emoção, afeto, a música envolvente de Nino Rota, tudo é feito no sentido de promover a identificação entre espectador e personagens. Ou pelo menos com personagens que a história pretende preservar. O noivo, por exemplo, não tem uma única oportunidade de empatia com a platéia. Este será vítima da violência mais do que seletiva do diretor – sentenciado à morte explícita e cinematograficamente espetacular, enquanto outros "culpados" ganham até o conforto de morrerem fora de cena. Mas Coppola sabe muito bem e igualmente como capitalizar a violência a favor dos seus protagonistas, estejam eles na posição de vítimas (como Vito Corleone e Sonny/James Caan) ou algozes (como Michael/Al Pacino). Outro recurso notável: Don Vito Corleone nunca é diretamente conectado a nenhum ato de violência, ainda que seja ele o manipulador de tudo. Ao contrário, destacam-se sua humanidade, sua figura de grande provedor familiar, sem falar da dignidade que lhe acrescenta a interpretação de Brando.

Essa ambigüidade moral, que plasticamente está ancorada nas recorrentes alternâncias de luz e sombra da fotografia de Gordon Willis, foi interpretada como um retrato da América de Richard Nixon. Mas *O Poderoso Chefão* não depende de qualquer concessão ao datado para conservar sua emoção densa ou seu poder de fogo. Basta lembrar a franqueza com que o filme investe contra o catolicismo, seja pelo oportunismo materialista da Igreja ou, mais profundamente ainda, questionando a moralidade do conceito de confissão e arrependimento (há uma nova carga, mais forte, na parte 3).

Coppola é um grande narrador e um encenador ainda melhor. É capaz de enternecer e fazer rir (na entrada do cantor Johnny Fontane, um alter ego de Sinatra, interpretado por Al Martino) na seqüência do casamento; de provocar arrepios em toda a construção do encontro de Sonny com seu destino, desde a briga doméstica de Connie e marido, ou mais ainda no alucinante paralelo do batizado (*"Michael, você renuncia a Satã e a todos os seus poderes?"*) com o massacre; de mergulhar o espectador em tensão congelada como no confronto entre Michael, investido do poder, e sua mulher Kay (Diane Keaton) buscando uma verdade que jamais apreenderá; ou de simplesmente comover (pela genialidade de Brando) na seqüência final de Don Corleone.

Ideologia explícita

A televisão não programou ainda uma exibição da segunda parte. Mas, sem o incômodo da dublagem, tanto o primeiro quanto o segundo filme estão disponíveis em vídeo, lançados pela CIC. Que promete para breve um remix das duas partes e mais material não aproveitado. Isto foi feito em 1977 para a televisão pelo próprio Coppola, com um tempo de 450 minutos (*O Poderoso Chefão 1* tem 175 minutos, o número 2 tem 200 minutos). A segunda parte, de 1974, foi um êxito ainda maior do que a primeira. Repetiu o Oscar de melhor filme do ano e recebeu outros cinco, incluindo os de melhor direção e melhor ator coadjuvante (para Robert De Niro, como o jovem Don Vito Corleone). É ideologicamente muito mais explícito, ao flagrar as ligações entre a corporação criminosa e o poder oficial, e narrativamente muito menos.

A ação vai e vem várias vezes no tempo, abrangendo um período – não inteiramente coberto – de quase 70 anos, com o ano de 1958 como o último. Os negócios da Família extrapolam os limites italianos com a inclusão na história de um chefe judeu (interpretado por Lee Strasberg e inspirado no gangster Meyer Lasky, que não conseguiu terminar seus dias em Israel) e uma parte da ação na cidade de Havana prestes a ser tomada por Fidel Castro. Falou-se muito no fato de o recente Havana, de Sidney Pollack, com Robert Redford, oferecer o que seria a primeira visão "simpática" de Hollywood dos revolucionários cubanos. Mas em *O Poderoso Chefão parte 2* há uma cena em que Pacino, contra todas as opiniões, considera, e com respeito, a possibilidade da vitória da guerrilha. Ou, mais ainda, do triunfo de um poder que não é a "Família" nem a América do capitalismo.

Outra diferença com relação ao primeiro filme: Coppola não mais se preocupa em levar o espectador à cumplicidade com os criminosos. Acompanha-se Michael Corleone e sua estratégia para obter e conservar o poder como se acompanha Macbeth. Não se trata mais de torcer pelo mal seduzido por sua aparência de bem. O fascínio do filme repousa sobre o fascínio do mal em si mesmo – ou seja, traduzido na personagem do novo don, cerebral, inteligente, implacável, o que jamais permitirá que sentimentos pessoais interfiram com suas relações profissionais.

Contando os sobreviventes

Entre as muitas atrações oferecidas pela terceira parte, passada em 1978 ou 20 anos depois da segunda, e que Coppola só aceitou fazer por necessidades financeiras após 25 anos de negativas, uma das mais irresistíveis para quem conhece toda a saga dos Corleone é descobrir quem permaneceu vivo até aqui. Há os sobreviventes mais óbvios: Michael Corleone (Pacino), sua mulher Kay (Diane Keaton), agora divorciada dele e casada de novo, a antes muito louca Connie (Talia Shire, irmã de Coppola) que o quarto de século transcorrido transformou em fiel depositária das tradições da família. Menos fácil será descobrir, por exemplo, Tere Livrano, que desde o primeiro filme interpreta a mulher do "consigliere" Tom Hagen (Robert Duvall, fora do filme porque não aceitou receber "apenas" um milhão e meio de dólares quando Pacino recebia cinco). Tere aparece ao lado do filho padre, interpretado por John Savage. Sobrevivente da parte dois é o pistoleiro Al Neri (o do revólver na caixa de biscoitos), feito por Richard Bright, que há 25 anos parecia bem mais gordo.

Do primeiro Chefão retornam o cantor Johnny Fontane (Al Martino) e os sicilianos Don Tomasino

(Vittorio Duse) e Calo (Franco Citti, dos filmes de Pasolini), o guarda-costas de Pacino no seu primeiro refúgio siciliano, agora grisalho mas ainda fiel a ponto de tomar uma atitude kamikaze. Num flash-back rápido, Pacino se lembrando do seu primeiro casamento, revê-se a bela Simonetta Stefanelli em cena de 25 anos atrás. E há ainda Sofia Coppola, cuja personagem Maria, no primeiro filme, era apenas os gemidos do prazer clandestino de Sonny e de uma das damas de honra do casamento de Connie. Mas Sofia também fez sua aparição pessoal em *The Godfather part 1*: como o "filho" de Michael Corleone batizado enquanto os inimigos do seu pai são massacrados. Entre os técnicos, o fotógrafo Gordon Willis e o diretor de arte Dean Tavoularis participaram das três partes, todas elas envoltas pelo belíssimo tema musical criado pelo falecido Nino Rota.

Um grande jogo de emoções: Coppola acerta de novo

O Poderoso Chefão, parte 3 não fica a dever nada aos anteriores: na história, na interpretação e principalmente na emoção

Jornal da Tarde
15 de março de 1991
O Poderão Chefão, terceira parte (The Godfather, part III) – Direção, Francis Ford Coppola. Roteiro, Coppola e Mario Puzo. Fotografia, Gordon Willis. Música, Nino Rota e Carmine Coppola. Com Al Pacino, Diane Keaton, Talia Shire, Andy Garcia, Sofia Coppola, Eli Wallach, George Hamilton, Helmut Berger, etc. Produção 1990, Estados Unidos. Cines Comodoro, Gemini 2, Astor, Center, Iguatemi 1 e 3, Ibirapuera 1, Ipiranga 1, Metro 1, Morumbi 3 e 4, Interlagos 6, Lar Center 1.

Assim como as duas primeiras partes de *O Poderoso Chefão*, que Francis Ford Coppola realizou em 1972 e 1974, transcendiam limites e emoções de histórias de gângsteres mafiosos para se estabelecerem como metáfora do ideal da livre empresa consagrado pelo sistema capitalista (o primeiro) ou como reflexão sobre a solidão do poder (o segundo), a terceira parte que está sendo lançada hoje na cidade também não pode ser facilmente enquadrada. Coppola retoma a história da família Corleone 20 anos depois de haver congelado o foco de sua câmera sobre o rosto angustiado de Michael (Al Pacino), fratricida e solitário senhor de um império edificado sobre sangue. *O Poderoso Chefão, terceira parte* é obviamente outra história sobre os mesmos gângsteres. Mas dessa vez a teia tramada pelo destino tem mais força do que o fogo das metralhadoras e do que as maquinações humanas por trás desse fogo.

Aos 60 anos de idade, em 1979, cabelos já grisalhos, olhos quase sempre protegidos por lentes escuras, Michael Corleone aspira ao mesmo tempo pela respeitabilidade social e pela redenção espiritual. Os primeiros momentos dessa tragédia crepuscular mostram que um cheque de 100 milhões de dólares pode pavimentar o caminho para os dois objetivos: ninguém negará respeito a um agraciado com a rara Ordem de São Sebastião, outorgada pelo Vaticano – especialmente o próprio Vaticano de cujo banco o agraciado se torna parceiro. Os investimentos financeiros de don Michael são agora legais, seus inimigos estão quase todos mortos. Sua instável irmã Costanza, chamada de Connie (Talia Shire), trocou a rebeldia antifamília pelo poder familiar – interrompendo a tradição de mulheres caladas, ausentes e submissas. A menina dos seus olhos é a filha Mary (Sofia Coppola) – ele a ama e é retribuído tal como o Rei Lear shakespeariano ama e é amado por sua filha Cordelia.

O filho mais velho de Michael, Anthony (Franc D'Ambrosio), formou-se em Direito como o pai exigia, mas agora, apoiado pela mãe Kay (Diane

Keaton), quer seguir seu próprio caminho, tornar-se cantor lírico. E Kay é outra evidência oferecida por Coppola do quanto os tempos mudaram. Casada com outro homem (por ironia, um juiz), ela finalmente conseguirá se expressar e ser ouvida de igual para igual com o ex-marido. Essa relação retomada maduramente e ao mesmo tempo de impossível concretização é outra das lancinantes dores surdas que permeiam o coração da tragédia coppoliana. Quando todos se juntam na festa da condecoração, já estão introduzidas, além do staff do Vaticano, duas novas personagens: o ambicioso gângster Joey Zasa (Joe Mantegna) e o explosivo Vincent Mancini (Andy Garcia, numa interpretação competente mas muito distante da genialidade que ungiu Pacino e De Niro nos capítulos anteriores), o filho ilegítimo de Sonny, o irmão já morto de Michael. É sobre ele que se concentra a maior parte da ação exterior do filme: será o continuador da tradição sangrenta da Família que Michael sonha em sepultar. Antes, aprenderá com o tio. E terá a solidária proteção da tia Connie, que o guiará ao poder como uma Lady Macbeth, e o amor da prima Mary em suave desafio aos cuidados paternos.

Coppola narra a história sem pressa, dividindo o filme em seqüências capitais, com pouca coisa entre elas: a condecoração, o massacre no cassino de Atlantic City no qual Michael percebe a traição de um suposto antigo amigo dos Corleone, o velho Don Altobello (Eli Wallach, exagerando nos maneirismos, único intérprete menos do que adequado em todo o elenco principal); a aventura de Vincent com a fotógrafa (Bridget Fonda); o retorno à Sicília e às velhas lembranças – o que também reforça as similaridades entre o poder dos Corleone e o poder dos imperadores romanos (já sugerida na parte 2 da saga, com o suicídio na banheira do suposto traidor da Família); a confissão de Michael ao cardeal que pouco depois se tornará papa – o que é mais uma investida do cineasta sobre a Igreja, contra a qual ele permanece implacável. Seja no seu aspecto secular (o escândalo do Banco Ambrosiano, verdadeiro, ou a hipótese de um papa assassinado nas suas malhas), seja com relação aos seus dogmas espirituais – como a visão da confissão como um ato não de contrição, mas de infinita hipocrisia.

Tudo funciona como preparação para o desfecho da tragédia. São mais ou menos 30 minutos nos quais a maior parte das ações se desenrola no centenário Teatro Massimo, em Palermo, a capital siciliana, onde os Corleone se reúnem para assistir à consagração de Anthony como cantor, no papel de Turidu da *Cavalleria Rusticana*, uma ópera sobre paixões violentas e vingança. A encenação no palco é alternada com uma sucessão de assassinatos fora dele e com a preparação do assassinato do próprio Michael Corleone. A princípio Coppola parece estar citando Hitchcock e a cena da orquestra de *O Homem que Sabia Demais*, tal como o habilidoso Brian De Palma fez com a seqüência da escadaria do *Encouraçado Potenkim*, de Eisenstein, em *Os Intocáveis*. Será, contudo, apenas uma referência ou ponto de partida. Porque essa mistura de ópera e cinema, povoada de olhares, gestos, gritos amordaçados e surda violência, narrada em delírio barroco operístico, vai muito além em emoção e densidade. Assim como a própria ação transborda do palco ou da platéia do teatro para chegar ao seu clímax na escadaria externa. É verdade que existe uma poderosa história a justificar cada movimento. Mas é através do domínio das imagens, do gênio para torná-las sua mais arrebatadora tradução, que Coppola faz da expiação do seu herói trágico um momento de plena catarse. Difícil encontrar na história mais recente do cinema outro momento em que essa arte tenha se manifestado com vigor semelhante.

Uma obra-prima da ópera para uma obra-prima do cinema

Para uma seqüência na Sicília, uma ópera passada na Sicília. E mais ainda: uma ópera verista sobre paixões violentas, vingança e até com uma cena do tradicional desafio siciliano no qual, em vez de atirar a luva, o desafiante morde a orelha do desafiado. Assim, não foi por acaso que Francis Coppola escolheu *Cavalleria Rusticana* para compor a deslumbrante seqüência final de *O Poderoso Chefão, parte 3*. Ele inclusive faz Andy Garcia antecipar na realidade uma das cenas dramáticas da ópera: Vincent Mancini, depois Corleone, morde a orelha do seu desafeto Joey Zasa (Joe Mantegna) da mesma maneira como se verá mais tarde o herói Turiddu mordendo seu rival na disputa pelo amor de Santuzza.

Cavalleria Rusticana se passa numa aldeia siciliana durante a Semana Santa – aí, também, a realidade antecipa o que pode acontecer na cena teatral durante a procissão – e entrou na história da música como a obra-prima de Pietro Mascagni (1863-1945). Com essa ópera o compositor, até então desconhecido, venceu um concurso em 1888. Sua primeira récita aconteceu em 1890 e fez do compositor, que se inspirou para compô-la num conto do escritor siciliano Giovanni Verga, uma celebridade mundial. Mascagni esteve duas vezes no Brasil. A primeira, em 1911, quando, após passagens por Buenos Aires e pelo Rio de Janeiro com sua companhia de ópera, foi recebido por uma multidão na Estação da Luz. Sua segunda viagem foi na década de 30, quando chegou a reger em São Paulo uma montagem de *Il Guarany*, de Carlos Gomes.

Martin Scorsese

O Rei da Comédia, sutil fascínio aos fiéis do cinema

Mas o diretor poderia ter dado mais fluência a este filme em que Robert de Niro e Jerry Lewis estão perfeitos.

Jornal da Tarde
17 de dezembro de 1983
O Rei da Comédia (The King of Comedy) – Direção, Martin Scorsese. Roteiro, Paul D. Zimmermann. Fotografia, Fred Schuler. Trilha sonora, Robbie Robertson (uma seleção de canções conhecidas). Com Robert De Niro, Jerry Lewis, Diahnne Abbott, Sandra Bernhard, Tony Randall, Ed Herlihy, Lou Brown, Marta Heflin, etc. Produção 1983, Estados Unidos. Censura 16 anos. Cines Arouche A e Cinearte Um.

Os primeiros cinco minutos do filme são absolutamente deslumbrantes: o grande ídolo Jerry Langford (Jerry Lewis, soberbo) deixa o estúdio, é cercado na rua por uma multidão de fãs, defendido pelo oportunismo idólatra de Rupert Pupkin (De Niro, igualmente extraordinário), que consegue afastar os fãs e, numa atmosfera de delírio, aprisionar a mais intensa admiradora dentro do automóvel do próprio ídolo. As mãos crispadas na moça batem contra os vidros, a imagem é congelada no exato momento em que a voz dolorida de Ray Charles derrama nos tímpanos do fã de cinema – que se neste momento chegar à levitação não deverá surpreender-se, acontece – os versos maravilhosos de *Come Rain or Come Shine*.

A promessa de Scorsese com essa abertura é a de um filme estridentemente magnífico. Pouco a pouco, porém, percebe-se que ela não será cumprida. *The King of Comedy* muda de registro. Vai se tornar um filme de situação única e extremamente espichada: o candidato a ídolo Pupkin executando seu plano de chegar à celebridade tomando para si 15 minutos do programa do seu ídolo. Decepcionante, mas nunca menos do que fascinante: o que falta em pique e intensidade sobra em inteligência e sensibilidade a essa história ambientada numa terra de ninguém, entre a graça e a realidade. Um filme repleto de mistérios, de pequenas e sutis pistas, de intenso amor ao cinema, de profunda intimidade com pessoas e sentimentos, da inveja e do desejo de sucesso à solidão e ao desamor.

Scorsese brinca com a curiosidade da platéia e jamais satisfaz seu desejo de saber se Pupkin tem talento ou não, se é ou não capaz de provocar risos e merecer o êxito que persegue e que acabará por obter. Langford é também um personagem revelado através de toques sutis, por pequenos diálogos e situações que comunicam sua solidão. Ao mesmo tempo em que segue, ou persegue seus personagens, *O Rei da Comédia* faz um agudo comentário sobre o mundo e, mais ainda, sobre as relações – não necessariamente diretas ou pessoais – amorosas entre o ídolo e o fã estimulado a consumi-lo a ponto de sentir-se no direito de fazer isso até literalmente. Um dos momentos de alta inteligência do filme é justamente a seqüência do jantar entre a fã delirante (Sandra Bernhard) e Langford, com seu tragicomicamente erótico desfecho.

Impressionante também é a simplicidade com que Scorsese filma, sem grandes movimentos ou malabarismos de câmara (ao contrário de Touro Selvagem, seu filme anterior) e seu completo domínio da narrativa nas alternâncias entre alucinação e realidade. O desenho do carreirista Rupert Pupkin é também perfeito: trata-se de um dos mais desagradáveis personagens que jamais ocuparam o centro de uma história cinematográfica. Conviver com ele durante duas horas exige esforço e paciência.

Tão tenaz perseguição da verossimilhança acaba enfraquecendo o filme. Porque ela está apoiada muito menos num registro geral de todos os pormenores e personagens secundários do que na saga do candidato ao êxito. Ou, mais ainda, no trabalho de Robert De Niro, perfeito em cada gesto, em cada olhar, nas suas sugestões de inveja e vulgaridade, de admiração ou rancor frustrado. Se a admiração de Scorsese por seu intérprete fosse mais controlada, *O Rei da Comédia* ganharia fluência sem perder nada do seu sutil fascínio. Um fascínio que encantará sobretudo os que professam – como o diretor Scorsese – essa religião com nome de cinema.

Um espetáculo de talento e sensibilidade, em imagens

Depois de Horas é um gratificante momento cinematográfico, resultado dos talentos de Martin Scorsese e Joseph Minion. A única falha não é deles: é de quem fez a tradução do título para o português.

Jornal da Tarde

30 de dezembro de 1986

Depois de Horas (*After Hours*) – Direção, Martin Scorsese. Roteiro, Joseph Minion. Fotografia, Michael Ballhaus. Música, Howard Shore. Com Griffin Dunne, Rosanna Arquette, Verna Bloom, Thomas Chong, Cheech Marin, Teri Garr, Linda Fiorentino, John Heard, Catherine O'Hara, Will Patton, Robert Plunket, Larry Block, Murray Moston. Produção 1986, Estados Unidos. Cines Paulistano e Olido II. Censura 14 anos

Cinema é também espetáculo, produção vistosa, grande investimento de dinheiro. Mas cinema é, principalmente, uma questão de talento e de sensibilidade. De repente essas duas qualidades podem tornar irrelevantes todo o esforço feito em escala industrial pelos chamados grandes produtores, embora filmes como *Lawrence da Arábia* ou *My Fair Lady*, entre muitos outros exemplos, mantenham funcionando a magia do grande espetáculo ou pelo menos demonstrem que inteligência e dinheiro não são necessariamente incompatíveis.

Depois de Horas (tradução para *After Hours* que deve garantir a seu autor o Mongolóide de Ouro ou qualquer outra distinção semelhante, o que ele poderia evitar se chamasse este extraordinário pequeno filme de *Tarde da Noite* ou *Altas Horas*) é um desses gratificantes momentos cinematográficos que registram o triunfo da inteligência. Um filme de autor, no caso do diretor Martin Scorsese (que, aliás, pode ser visto no filme, manejando um spot na danceteria punk), traduzindo talentosamente em imagens um magnífico roteiro de Joseph Minion. Que fala sobre tudo – ou sobre nada. É uma questão de ponto de vista e de percepção.

Scorsese e Minion brincam com o absurdo, com o tal de "viver é muito perigoso", de que Guimarães Rosa também falou. Contam sobre uma noite terrível vivida por um certo Paul (Griffin Dunne, que é também produtor do filme), programador de computadores, um ser humano absolutamente igual à imensa maioria dos seres humanos. Ao tentar encontrar-se com uma garota que conheceu casualmente, enquanto lia numa lanchonete um livro de Henry Miller, Paul entra numa ciranda surrealista e absurda de acontecimentos incontroláveis – nunca embora completamente improváveis. A garota é uma maníaco-depressiva (Rosanna Arquette), que está no SoHo (área de Manhattan que de fabril e decadente passou a sofisticadamente habitável, povoada por artistas e intelectuais que fugiam dos preços muito altos de Greenwich Village), no apartamento de uma sensual amiga (Linda Fiorentino), que faz esculturas de gesso e nata.

Num clima em que o riso está sempre enquadrado entre ameaças visíveis ou invisíveis, este Orfeu – ou seria Dante?- que desce aos Infernos, tendo talvez um invisível Samuel Beckett como guia, cruzará ainda com gente como uma garçonete infeliz em seu emprego (Teri Garr), cuja cama é cercada de ratoeiras; com o patrão dessa jovem (John Heard), de quem poderia receber alguma ajuda; com uma dupla de ladrões (os comediantes Thomas Chong e Cheech Marin) cujos crimes serão atribuídos a ele; com uma decidida vendedora de sorvetes (Catherine O'Hara); com um vacilante pretendente a experiência erótica homossexual (Robert Plunket); com uma escultora que habita o porão de um *nightclub* (Verna Bloom).

Encontros, desencontros e coincidências são primorosamente armados e ainda melhor representados por um elenco afinadíssimo. Tudo é extremamente brilhante neste filme pessoal, que embora realizado nos Estados Unidos desafia todas as convenções e modelos do chamado grande cinema americano. As fontes e referências de *After Hours* estão no cinema europeu, na descontração e na agilidade cinematográfica da nouvelle vague, às quais Scorsese e Minion acrescentaram os toques filosóficos do absurdo, da poesia do perigo e do imponderável.

P.S. – Por um problema de calendário, o crítico não pôde assistir a *Depois de Horas* antes do seu lançamento no circuito comercial. Apenas por isto o filme não foi relacionado em seu balanço de 86 como um dos melhores do ano. Mas, levemente abaixo de *Ran* e *O Sacrifício*, *After Hours* merece estar nessa seleção, ao lado de Hannah, Kaos, Poderoso Prizzi, Carmen (a de Godard), *Amantes de Maria*, *Expresso para o Inferno*, *Ginger e Fred*, *O Beijo da Mulher Aranha*. Lista em que deveria estar ainda o magnífico *Mishima*, de Paul Schrader. Neste caso, leitores que me desculpem, este crítico foi traído pela memória.

Na volta de Eddie Felson, o brilho maduro de Paul Newman

Sutileza e intensidade marcam a volta de Paul Newman ao papel de Eddie Felson, 25 anos depois. Ele concede grandes cenas a Tom Cruise, mas ainda é o melhor deste filme irregular.

Jornal da Tarde
26 de março de 1987
A Cor do Dinheiro (The Color of Money) – Direção, Martin Scorsese. Roteiro, Richard Price, a partir de personagem criado em livro – The Hustler – de Walter Tevis. Fotografia, Michael Ballhaus. Com Paul Newman, Tom Cruise, Mary Elizabeth Mastrantonio, Helen Shaver, John Turturro, Bill Cobbs, Robert Agins, etc. Produção 1986. Estados Unidos, Cines Metro 2, Gemini 1, e circuito. Censura 16 anos.

Há 25 anos, o mesmo jogador de bilhar Eddie Felson, igualmente interpretado por Paul Newman, foi personagem de um filme de Robert Rossen (1908-1966), *Desafio à Corrupção*, onde terminava com os dedos quebrados, pungente imagem do derrotado que grande parte dos espectadores de cinema gosta de amar. Agora, com a esfumaçada tensão em preto e branco dos salões de bilhar substituída pelo colorido e pelos pirotécnicos movimentos da câmera do super fotógrafo Michael Ballhaus, sob a direção de Martin Scorsese, um apaixonado por perdedores tentando a redenção, eis que Eddie, "o rápido", reaparece. E com o mesmo e extraordinário rosto de Newman que, se perdeu neste quarto de século a iluminada limpidez do olhar azul, ganhou peso e autoridade como intérprete.

Felson, no roteiro de Walter Tevis filmado por Scorsese, largou o bilhar e sobrevive confortavelmente como vendedor de bebidas, amado sem maiores exigências por uma belamente sazonada proprietária de bar. É nessa condição que subitamente reencontra seu passado. Ou, mais ainda, reencontra a si mesmo na personagem de um jovem e extraordinário jogador (Tom Cruise, ídolo da platéia pré-mental em *Top Gun* e *A lenda*). A tentação de, através deste rapaz, Vincent Lauria, corrigir sua própria trajetória, viver uma segunda vida, é irresistível. Felson embarca, tenta fazer de

Lauria o que ele não foi e que poderia ter sido. O roteiro, com cuidados para cativar sem perturbar, providencia uma namorada para o garoto (a boa atriz Mary Elizabeth Mastrantonio), garantia de que a intimidade entre Eddie e o que ele julga ser o passado batendo à sua porta não passe do horizontal da mesa de bilhar.

Todo este processo de sedução e corrupção – o garoto é estúpido porém puro e transparente, Felson terá de torná-lo suficientemente maldoso e ambíguo – é fascinante e extremamente bem conduzido pela direção. O aprendizado, porém, dura pouco mais de meia hora. Quando se imagina que Felson conseguirá a transferência e a realização, a dupla – ou o trio – se separa. E o que se anunciava como um filme extraordinário cai para o nível de apenas interessante e movimentado. A saída do roteiro é colocar Lauria tentando se afirmar, e conseguindo, e Felson tentando um retorno, e também conseguindo – embora não sem antes passar pelo desconforto de uma consulta ao oculista e a humilhação da obrigatoriedade dos óculos. Todas as situações conduzem, sem qualquer surpresa ou originalidade, para o previsível confronto entre velho e novo, mestre e aluno.

Felizmente o filme reconquista nos últimos momentos sua inteligência inicial e poupa a platéia da resposta sobre qual é o melhor. O que, e também felizmente, não acontece com Newman. O astro, generosamente, concede grandes cenas a Cruise, que compõe bem seu personagem, mas fica com a melhor parte. Seu retrato do perdedor se deparando novamente com a oportunidade de virar um jogo que imaginava terminado, descobrindo aos poucos energia e raiva sob uma aparente serenidade, é um primoroso trabalho de ator amadurecido. Uma mistura de sutileza e intensidade que nem o convencionalismo de muitas situações, nem os recursos de agilização um tanto quanto grosseiros usados na montagem, conseguem macular.

Blasfêmia! É o protesto contra Scorsese

O filme, sobre Jesus Cristo

Jornal da Tarde
14 de julho de 1988

Durante um sonho, Jesus Cristo desce da cruz para fazer amor com Maria Madalena. E depois tem filhos com as irmãs de Lázaro, Marta e Maria. Estas cenas estão em *The Last Temptation of Christ*, o novo filme de Martin Scorsese, que só chegará às telas dos Estados Unidos dia 23 de setembro, mas já mobilizam a ira de muitos religiosos norte-americanos. O filme foi condenado com blasfemo no mais ouvido programa religioso do país e também numa declaração publicada pelo jornal *The Hollywood Reporter*, com 61 assinaturas. Um representante dos cristãos evangelistas afirmou que o trabalho de Scorsese é tão blasfemo *"que o próprio Senhor talvez acabe entrando nesta batalha"*, enquanto Lloyd John Ogilvis, que se diz representante de cinco diferentes organizações religiosas protestantes, queixou-se publicamente da Universal Pictures, a distribuidora de *The Last Temptation of Christ*, porque, segundo ele, Jesus Cristo é mostrado como *"um homem mentalmente perturbado e cheio de luxúria"*.

O filme de Martin Scorsese é baseado em romance do autor grego Nikos Kazantzakis (de quem Jules

Dassin já filmou *Aquele que Deve Morrer* e Michael Cacoyannis, *Zorba, o Grego*), publicado pela primeira vez em 1955. Williem Dafoe faz o papel de Cristo, Bárbara Hershey é Maria Madalena e Harvey Keitel é Judas Iscariotes. O diretor, que chegou a estudar num seminário em sua juventude e já planejava este filme há alguns anos, obviamente não concorda com acusações como a de que se trata "do mais blasfematório ataque à Igreja e à causa de Cristo na história da indústria do entretenimento". Para Scorsese, *A Última Tentação de Cristo "é um filme profundamente religioso. Embora Jesus seja tentado por Satã, o que o filme diz, e isto é o que creio, é que Jesus resistiu à tentação e foi crucificado, como está escrito na Bíblia"*.

A maioria das opiniões sobre o filme se baseia somente na leitura do roteiro original, embora algumas versões anteriores do trabalho de Scorsese tenham sido vistas por poucas pessoas, como Larry Poland, presidente da Mastermidia International. Para ele, *"o conteúdo tanto do roteiro como no filme retratam Cristo como mentalmente perturbado e luxurioso"*. Poland diz também que, junto com outros executivos, alertou a Universal no sentido de que a companhia abandonasse seus projetos de lançar *A Última Tentação de Cristo*, aconselhando ainda que o filme fosse destruído antes que chegasse ao público.

Esta, aliás, é a intenção dos grupos religiosos e seus representantes. Eles esperam agora a adesão dos grupos mais conservadores do protestantismo, inclusive dos fundamentalistas e pentecostais. A Universal realiza hoje em Nova York, num endereço não divulgado, uma exibição especial para líderes religiosos, que depois conversarão com Scorsese. E este diz que só dará o filme como terminado – as filmagens foram realizadas ano passado e o diretor já montou o filme de várias maneiras, sem chegar ainda a um resultado que o satisfizesse – uma semana antes do lançamento oficial.

Se os grupos religiosos não conseguirem suspender o lançamento do filme – é difícil imaginar que um grande estúdio possa desistir de uma produção de quase 15 milhões de dólares –, o próximo passo da campanha será o boicote. Isto foi feito há dois anos, quando do lançamento nos Estados Unidos de *Je Vous Salue, Maria*, de Jean-Luc Godard, com piquetes nas portas dos cinemas. Mas este era um filme "de arte" e além do mais legendado, coisa que definitivamente não atrai o público norte-americano. Godard teve poucos espectadores, mas não se pode garantir que isto tenha sido conseqüência dos protestos. Agora, com uma grande produção, falada em inglês e interpretada e dirigida por nomes conhecidos, é que se poderá avaliar a verdadeira força dessas organizações religiosas conservadoras.

A Última Tentação volta à cidade. Sem sobressaltos

Com a saída de Jânio, o filme de Scorsese entra em 11 cinemas.

Jornal da Tarde
26 de janeiro de 1989

A Última Tentação de Cristo, finalmente. Depois de haver tentado praças bem mais modestas, do Rio de Janeiro a Piracicaba, de Santos e Campinas a São José dos Campos, o filme de Martin Scorsese, que tem provocado polêmicas em todos os países onde foi exibido, chega hoje, a partir das 14h30, a 11 salas da Capital e uma de São Caetano. *A Última Tentação* deveria ter sido exibido aos paulistanos em novembro passado, mas pressões do então prefeito Jânio Quadros, ameaçando os cinemas de uma rigorosa vistoria, fizeram com que os exibidores recuassem logo após a primeira sessão. Outros filmes o substituíram e o prefeito Quadros, fazendo opção pela segurança espiritual dos espectadores, esqueceu sua ameaça de fiscalização em nome da segurança física.

Já exibido comercialmente também em Curitiba, Belo Horizonte e Porto Alegre (em Brasília, o exibidor recuou e o filme foi exibido apenas num auditório alternativo), o filme não se constituiu propriamente num êxito. Nessas três capitais e no

Rio conseguiu atrair cerca de 300 mil espectadores, com uma arrecadação de NCz$ 200 mil. Nas cidades de São Paulo repetiu, proporcionalmente, o mesmo desempenho. E teria passado praticamente sem incidentes, se as freiras de São José dos Campos não tivessem ensaiado um pequeno protesto. Na UIP (United International Pictures), distribuidora do filme no Brasil, o lançamento de hoje está sendo tratado como de rotina. Ou seja, ninguém espera multidões vociferando contra hereges e heresias à porta dos cinemas. Nem líderes religiosos nem políticos fizeram até a noite de ontem qualquer ameaça à exibição.

Os protestos têm acompanhado *A Última Tentação* desde antes do seu lançamento nos Estados Unidos, quando cristãos autodefinidos como fundamentalistas tentaram impedir sua chegada às telas. Não conseguindo, passaram aos protestos e tiveram, especialmente em cidades menores, a solidariedade de alguns donos de salas de cinema. Os incidentes mais ruidosos, contudo, aconteceram na França, com bombas e incêndios em cinemas. Mas trata-se de um filme muito mais comentado do que visto. O diretor Martin Scorsese, ex-coroinha e ex-aluno de seminário católico, nunca admitiu qualquer acusação de heresia. Diz apenas que, seguindo o romance do autor grego Nikos Kazantzakis, rejeitado oficialmente pelo Vaticano, quis oferecer uma visão mais humanizada do Cristo.

Para os exibidores em geral – além dos 160 minutos de projeção, que só permitem três sessões diárias –, o relativo fracasso comercial do filme deve-se ao fato de que a platéia vai vê-lo em busca de cenas escandalosas e sai decepcionada. As cenas mais esperadas – Cristo agonizante na cruz, tentado pela perspectiva de uma vida normal, casamento com Madalena, viuvez, novo casamento com Marta e Maria, as irmãs de Lázaro, velhice tranqüila ao lado de muitos filhos – são apresentadas discretamente. E não passam de um delírio, antes da entrega final a seu destino de mártir.

Boxe para Fazer Inveja a Tyson

Hoje à noite na Globo, as lutas de Jack La Motta, em *O Touro Indomável*, o mais realista filme sobre boxe da história do cinema.

Jornal da tarde
25 de julho de 1989

Um touro enfurecido dentro do ringue, oferecendo seu rosto ao castigo dos adversários. E depois destruindo cada um deles, selvagemente, cruelmente, até que chegue sua vez de ser também destruído da mesma maneira. *O Touro Indomável* (no original, *The Ragging Bull* – ou seja, um touro apenas, e cegamente raivoso, sem qualquer conotação heróica mas apenas estúpida) dedica às cenas de ringue 12 dos seus 128 minutos, reduzidos a 120 na versão que a TV Globo apresenta esta noite. São 720 segundos que podem ser catalogados entre os mais violentos do cinema, assim como também entre os mais bem filmados. Em nenhum outro filme o boxe foi mostrado tão de perto: uma câmera colocada dentro do ringue acompanha cada golpe e registra ao mesmo tempo as expressões dos lutadores; várias vezes a lente é respingada por sangue e suor; capta-se o barulho de impacto do soco sobre a carne, o zumbido do ar deslocado pela velocidade do golpe, os ruídos quase que zoológicos emitidos pelos lutadores a cada esforço ou sensação de dor.

O touro enraivecido é Jake La Motta (ou Robert De Niro, dado o nível de identificação do ator com o personagem), campeão mundial dos pesos médios entre 1949 – quando derrotou o francês Marcel Cerdan, namorado de Edith Piaf e amigo de Jean Cocteau, que morreria pouco depois, num desastre de avião – e 1951, ano em que perdeu a coroa para "Sugar" Ray Robinson, na quinta luta entre ambos. E são essas, aliás, as lutas mais impressionantes do filme, embora não se saiba o que terá restado delas após a tesoura global. *O Touro Indomável* foi o oitavo longa-metragem de Martin Scorsese, nascido em 1942, ex-coroinha e ex-seminarista que fez seu primeiro longa em 1969 *(Who's That Knocking on My Door?)* e ano passado provocou polêmicas em todo o mundo com *A Última Tentação de Cristo*.

Scorsese, que dirige o melhor episódio do ainda não estreado *Contos de Nova York* (os outros são de Francis Ford Coppola e Woody Allen), foi sempre o cineasta atraído pelos derrotados, marginalizados e duvidosos de si mesmos e dos outros. O boxeador Jake La Motta é um personagem sob medida para suas preocupações, da mesma família em que nasceram os vitelloni de *Caminhos Perigosos* (um deles era o próprio De Niro, com quem o diretor filmou cinco vezes até agora), o neurótico Travis Bickle de Motorista de Táxi, o comediante sem graça de *O Rei da Comédia* (sempre traduzidos por De Niro), o Cristo de A Última Tentação ou até mesmo os componentes de um grupo musical que se desintegra

(The Band) no documentário *O Último Concerto de Rock*. Os personagens de Scorsese habitam uma América urbana, noturna, quase sempre em clima de paranóia e pesadelo, na qual a graça e a redenção parecem distantes.

Esta América de Scorsese é também a América de Jake La Motta, tal como ele anotou na sua autobiografia, escrita em parceria com os jornalistas Joseph Carter e Peter Savage e publicada em 1970: *"De vez em quando, durante a noite, eu penso no passado e me sinto como se estivesse assistindo a um velho filme em preto e branco sobre a minha vida. Não sei por que o filme é em preto e branco, mas ele é. E nem chega a ser um bom filme, meio irregular, meio brusco, com muitas brechas e uma série de seqüências mal iluminadas, algumas sem começo e outras sem final... E quase tudo acontece à noite, como se eu tivesse vivido minha vida inteira à noite"*. Indicações rigorosamente observadas por Scorsese e por seus roteiristas Mardik Martin e Paul Schrader, exceto quanto à qualidade do filme. *O Touro Indomável* é grande cinema, embora sua abordagem do personagem e do próprio esporte vá deixar decepcionados os que cultivam fantasias heróicas do tipo ingênuo como *Rock* ou do tipo perverso como o circo armado em torno do ingênuo Adilson Maguila.

O Jake La Motta de Scorsese estaria mais próximo de Mike Tyson, o que não consegue ser amado nem colecionando vitórias. O diretor já afirmou que *"ele era um lutador espiritualmente mais elevado porque atuava num nível primitivo, quase animalesco, livre de qualquer emoção ou verniz intelectual e, portanto, mais próximo do espírito puro"*.

La Motta era um homem rude e simples, que foi manipulado seguidamente pelo irmão, pela mulher, pela Máfia, pelo ambiente que tinha em torno de si. Scorsese o mostra meio como um animal. Logo no começo ele é xingado assim, por um vizinho do Bronx; no final, condenado por corrupção de menor, chora na cela e repete para si: *"Não sou um animal!"* Leva tempo e uma infinidade de socos, dos adversários ou da vida, até chegar a essa conclusão. Sem nenhum heroísmo ou exaltação, esta enésima variação da trajetória do imbecil até o entendimento comove justamente por parecer tão próxima do real – embora essa realidade seja transfigurada pela estilização e escape em geral de qualquer vocação naturalista.

Primorosa fotografia em preto e branco, uso notável da música (incluindo o lancinante intermezzo da *Cavalleria Rusticana*, de Mascagni), o bom roteiro e a direção perfeita de Scorsese já seriam suficientes para a criação de um grande filme. A contribuição de Robert De Niro acrescenta a *Ragging Bull* sua aura mágica. Ele chegou a engordar quase 30 quilos para as cenas finais de La Motta decadente, mas o melhor do ator é sua capacidade de nos fazer reconhecer num personagem vulgar, violento e comum um perfil da natureza humana. De Niro é o trunfo de *O Touro Indomável* em relação a outros filmes de boxe igualmente grandes – como, entre outros, *O Ídolo Público*, de Raoul Walsh, com Errol Flynn; *Corpo e Alma*, de Robert Rossen, com John Garfield; *Punhos de Campeão*, de Robert Wise, com Robert Ryan; *A Grande Esperança Branca*, de Martin Ritt, com James Earl Jones – ou até maiores, como o admirável *Cidade das Ilusões*, de John Huston.

François Truffaut

Truffaut, salvando um filme todo previsível

A Mulher do Lado: conformista

Jornal da Tarde
08 de abril de 1982
A Mulher do Lado (La Femme d'à Coté) – Direção: François Truffaut. Roteiro: Truffaut e Suzanne Schiffman. Com Gérard Depardieu, Fanny Ardant, Henri Garcin, Michele Baumgartner, Roger Van Hool, Veronique Silver. Produção 1981, França. Cine Belas Artes/ Villa-Lobos. Censura 16 anos. Horário: 13h30, 15h40, 17h50, 20h e 22h10.

Nos anos 50, quando jovem e rebelde crítico, François Truffaut execrava os "filmões" de Claude Autant-Lara, Julien Duvivier ou Marcel Carné, entre outros cineastas veteranos. Filmes sobre gente burguesa e suas infidelidades amorosas nos quais a câmara, nos momentos culminantes das cenas de amor, desviava-se pudicamente em direção à janela ou à crepitante lareira. Na verdade, filmes muito parecidos com o atual *Mulher do Lado* ou com o anterior *O Último Metrô* – que ele próprio dirigiu.

Truffaut, que já foi o cineasta liricamente revoltado de Os Incompreendidos ou o sensível e delicado manipulador de um inesquecível triângulo amoroso em *Jules e Jim*, tem talento e domínio do *métier* cinematográfico para refazer com mais sutileza o tipo de cinema que odiava. Mas essa diferença talvez só seja mesmo percebida pelos mais íntimos da evolução cinematográfica. E nem isto fará seu filme mudar muito: embora executado com sensibilidade e com toques do delicado lirismo característico do diretor, *A Mulher do Lado* representa um tipo de cinema extremamente conformista. Tudo o que se passa na tela é conhecido ou previsível. Isto não se aplica apenas às atitudes dos personagens (afinal, a maioria das pessoas reproduz comportamentos conhecidos), mas principalmente à forma com que Truffaut acompanha e mostra esses comportamentos. Uma limitação e também, paradoxalmente, o maior encanto do filme.

A história abre-se sobre um rosto de mulher de meia-idade, tendo ao fundo quadras de tênis. Ela explica à platéia que não é uma tenista e Truffaut, numa gentil brincadeira, afasta um pouco a câmara para que a platéia possa comprovar sua impossibilidade. Esta senhora, sobre a qual mais tarde se ficará sabendo que se jogou de um sétimo andar ao ser abandonada pelo amante, narrará a tragédia que infelicitou dois lares burgueses, duas casas assobradadas e simpáticas, separadas por uma rua estreita numa aldeia dos arredores de Grenoble, na Suíça, porém ainda no lado francês. Um tempestuoso caso de amor, acontecido em outro lugar, fora rompido após oito anos. A mulher casara-se rapidamente e rapidamente se divorciara, para casar mais tarde com um sereno controlador de vôos. O rapaz, controlador de navios, igualmente machucado pela relação, casara-se com uma mulher compreensiva e carinhosa, tornando-se pai de um filho, tendo outro a caminho e indo morar na aldeia tranqüila.

Na casa ao lado, a placa aluga-se é recolhida justamente pelo marido da mulher com quem ele tivera o tempestuoso romance. O reencontro será inevitável; o reticente perfume de alguma coisa chamada amor, paixão, loucura, obsessão ou o que seja, ainda transpira dos dois corpos como bem poderia cantar Elis Regina (*As Aparências Enganam*, de Tunai e Sérgio Natureza). Entregas parciais e negativas arrependidas irão pavimentando um caminho de amarguras que levará ao escândalo e à tragédia.

Há os lugares-comuns, o desinteresse do diretor em levar este seu vigésimo filme além das fronteiras e preocupações do universo burguês, as más interpretações. Gérard Depardieu (cada vez mais uma caricatura de Jean Gabin) está apenas corretamente opaco entre péssimos coadjuvantes e a novata Fanny Ardant, mulher de certos ângulos muito bonitos e atriz catastrófica. Mas haverá também, em todas as platéias, o cúmplice rio viscoso da memória emotiva de infidelidades exercidas ou sufocadas. E, sobretudo, ainda há François Truffaut. Provavelmente nunca mais um indignado reformador da linguagem cinematográfica. Porém ainda um atento observador da natureza e dos sentimentos humanos, capaz de em muitos momentos resgatar *A Mulher do Lado* de sua mediocridade através de sutis e delicados toques de percepção, de compreensão de coisas abstratas e praticamente intraduzíveis. A não ser, é claro, pela sensibilidade de um artista.

François Truffaut

O último momento de um poeta do cinema

Jornal da Tarde
22 de outubro de 1984

Estava doente há muitos meses e seus últimos dez dias de vida ele os passou praticamente em coma, internado no Hospital Norte-americano de Neully, em Paris, onde ontem à tarde sua morte foi comunicada, sem explicação para as causas. Mas amigos pessoais e íntimos fãs do melhor cinema sabiam que François Truffaut, 52 anos, estava sofrendo de câncer. E não mais trabalhara após o término de *Vivement Dimanche* (programado para a 8ª mostra Internacional de Cinema de São Paulo), 22º longa-metragem de uma lista iniciada em 1959 com *Os Incompreendidos*.

Truffaut, o temível crítico do *Cahiers du Cinèma*, que se tornou um dos criadores da nouvelle-vague francesa, onde seu estilo influenciou diretores de várias partes do mundo – inclusive os norte-americanos Steven Spielberg (para quem ele foi ator em *Contatos Imediatos*), George Lucas e Francis Ford Coppola –, nasceu em Paris, em 6 de fevereiro de 1932. Filho de um arquiteto, foi uma criança problemática e um adolescente praticamente abandonado. Descobriu o cinema aos 11 anos de idade, quando a França vivia sob a ocupação nazista, e praticamente jamais parou de ver filmes.

Em 1948 conheceu o crítico e historiador de cinema André Bazin e este encontro, quando mal tinha completado 16 anos, mudaria sua vida. Bazin acabara de fundar com um grupo de entusiastas a revista *Cahiers du Cinèma*, uma pequena publicação de tendência esquerdista, a primeira do seu tipo a tratar o cinema como uma forma de arte autônoma na França. Truffaut trabalhou e praticamente foi adotado por Bazin, tornando-se crítico da revista a partir de 1951. Logo se destacou por sua aversão feroz ao modelo cinematográfico vigente na França, por sua admiração a certas correntes do cinema norte-americano e por tratar como gênio um diretor até então tido apenas como hábil artesão, chamado Alfred Hitchcock. Em 1967 esta admiração seria cunhada em livro obrigatório, intitulado justamente *Le Cinèma Selon Hitchcock (O Cinema Segundo Hitchcock)*.

Com colegas críticos, inconformados e criativos como Jean-Luc Godard, Claude Chabrol e Eric Rohmer, e após haver colaborado cinematograficamente com Roberto Rossellini, o ideólogo do neorealismo italiano, François Truffaut mudaria a face do cinema a partir de 1959, como animador de um movimento que passou à história como a *nouvelle vague*. O que existia antes como teoria, nas páginas do *Cahiers*, transformava-se em prática. O cinema mais próximo da realidade, a redução dos custos de produção, a naturalidade da vida passando diante das câmeras, os filmes realizados com *"uma idéia na cabeça e uma câmera na mão"*.

Em 1959 Truffaut realizou o curta-metragem *Les Mistons* (muito influenciado por sua colaboração com Rossellini) e o longa *Os Incompreendidos (Les 400 Coups)*, terna história autobiográfica, onde seu alter ego chamava-se Antoine Doinel e era interpretado pelo ator Jean-Pierre Lèaud. Personagem e ator permaneceriam na sua obra em outros quatro filmes realizados nos 20 anos seguintes: *O Amor aos 20 Anos, Beijos Roubados, Domicílio Conjugal* e *O Amor em Fuga*. Ao tornar-se cineasta, entretanto, Truffaut surpreendeu seus leitores: não levou para seus filmes nada da agressiva mordacidade dos seus artigos. Ao contrário, revelou-se um poeta de extrema delicadeza, dono de um estilo simples de filmar, um extraordinário cultor de sentimentos e sutilezas, como reafirmaria em seguida com *Tirez Sur le Pianiste* (60) ou com *Jules e Jim* (61), uma de suas obras-primas. *"A naturalidade, a verdade física do diálogo, dá ao espectador a sensação de estar entrevendo através da porta de uma cena real"*, disse uma vez o cineasta ao explicar seu estilo dos primeiros tempos.

Sua carreira continuaria através de filmes como Um *Só Pecado (La Peau Douce, 63*), mais uma delicada visão dos relacionamentos afetivos, ou *Farenheit 451*, a partir do romance famoso de Ray Bradbury, onde tentava uma conciliação entre o universo poético de Jean Cocteau e a estética cinematográfica do ídolo Hitchcock, uma influência quase palpável em muitos momentos. De Cornell Woolrich, o mesmo autor de *Janela Indiscreta*, Truffaut filmaria *A Noiva Estava de Preto* (com Jeanne Moreau), e *A Sereia do Mississipi* (com Catherine Deneuve). E foi ainda o mestre Hitch a influência mais marcante de Vivement Dimanche, seu último filme, interpretado por sua mulher, Fanny Ardant, com quem teve uma filha há poucos meses e com quem já trabalhara em *A Mulher do Lado*, em 1981.

Em 1973, quando completou 41 anos de idade, Truffaut admitiu já ter assistido a mais de cinco mil filmes, "muitos deles mais de uma vez". Na sua filmoteca particular tinha dois títulos que amava particularmente: *Psicose*, de Hitchcock, e *Cidadão Kane*, de Orson Welles, que confessava ter visto mais de 50 vezes cada um. Como autor de filmes conciliava essa admiração pelo cinema americano com momentos de delicada e intimista poesia, especialmente ao tratar da infância ou adolescência, como em *O Menino Selvagem* (o primeiro dos seus oito filmes fotografados por Nestor Almendros) ou *A Idade da Inocência*, realizados respectivamente em 1969 e 1976. Entre esses dois filmes ele teve seu maior êxito internacional: *A Noite Americana*, que trata justamente das atribuições de uma equipe de filmagem, oportunidade para mais uma entre muitas e lindas declarações de amor ao cinema. Por este filme Truffaut recebeu o Oscar da Academia de Hollywood pela melhor produção estrangeira de 1973.

Em 1975 ele realizaria outra de suas obras supremas. *A História de Adèle H.*, sobre uma suposta filha louca do escritor Victor Hugo, um momento inesquecível da atriz Isabelle Adjani. *"Ela é a única atriz que me fez chorar diante da tevê, e por causa disto eu quis filmar com ela rapidamente, urgentemente, pois pensei que poderia, ao filmá-la, roubar-lhe coisas preciosas como tudo o que se passa em um corpo e um rosto em plena transformação"*.

Em 1977 o diretor que já aparecera como ator em seus próprios filmes – *O Menino Selvagem* e *A Noite Americana* – aceitou interpretar um filme de outro cineasta. E foi para Hollywood representar um cientista francês em *Contatos Imediatos de Terceiro Grau*, de Steven Spielberg. Antes disto publicara um segundo livro, *Les Films de Ma Vie*, no qual fala sobre seus momentos favoritos como espectador e crítico de cinema. Em 1980 outra vez um grande êxito, dos maiores de sua vida: *O Último Metrô*, novamente com Catherine Deneuve, onde resgatava suas memórias da Resistência e da ocupação e celebrava o teatro num filme que concilia os estilos de Jean Renoir e Marcel Carné – aliás, um dos nomes mais detestados por Truffaut quando crítico. *O Último Metrô* recebeu nada menos do que dez Césars, a versão francesa do Oscar.

A despedida de Truffaut, numa jóia cinematográfica

Trintignant: sóbrio e correto; Fanny Ardant: desempenho impecável, beleza deslumbrante.

Jornal da Tarde
21 de dezembro de 1984
De Repente Num Domingo (Vivement Dimanche) – Direção de François Truffaut. Roteiro, Truffaut, Suzanne Schiffman e Jean Aurel, a partir do romance The Long Saturday Night, de Charles Williams. Fotografia, Nestor Almendros. Música, George Delerue. Com Fanny Ardant, Jean-Louis Trintignant, Philippe Laudenbach, Caroline Shihol, Philippe Morier-Genoud, Jean-Louis Richard, Georges Kolouris, Jean-Pierre Kalfon, etc. Produção 1983, França. Cine Gaumont-Belas Artes, sala Aleijadinho. Censura 16 anos.

Há filmes que provocam impacto, que arrebatam, que transformam as maneiras de se ver e de se fazer cinema, como os de Jean-Luc Godard. E há filmes que simplesmente se utilizam da linguagem conhecida, que se referem quase sempre a outros filmes, que em lugar de arrebatar e de provocar grande impacto oferecem um tipo de prazer delicado, sutil, afetivo, como os de François Truffaut (1932-1984). O cinema segundo Truffaut está perfeitamente caracterizado neste seu 22º e último filme: uma comédia policial tenra, bem-humorada, romântica e, naturalmente, repleta de acontecimentos, iluminada ao mesmo tempo pelo amor do cineasta às mulheres e a Alfred Hitchcock, que teve sempre como o mais influente dos seus mestres cinematográficos.

A história vem de um romance de autor norte-americano, o suicida Charles Williams. E sua situação dramática básica é convencional, porém infalível: um homem que sabemos inocente vê-se de repente acusado de crimes terríveis e impossibilitado de provar que são falsas as evidências que o comprometem. Julien Vercel, diretor de uma agência imobiliária, antes de poder provar que não assassinou o amante de sua mulher, torna-se também o principal suspeito de sua própria morte. Na impossibilidade de investigar a verdade, esconde-se e delega essa tarefa a uma secretária que está despedindo, Barbara Becker, também atriz e detetive amadora.

Complicações, ação freqüentemente vertiginosa, mal-entendidos engraçados, erros grosseiros de sexo e de pessoas, cadáveres que se acumulam: um nó crescentemente intrincado, que o filme só desvendará nos últimos instantes. E, além da trama policial, sempre conduzida pela intuição, coragem e solidariedade da mulher, há também as oscilantes relações entre o suposto criminoso e sua defensora, jogo de atrações e retraimentos a esconder sentimentos que cada espectador pode muito bem adivinhar.

Pequena jóia cinematográfica, que oferece um prazer contínuo, Vivement Dimanche lembra os policiais baratos dos anos 40, rende suas homenagens a Hitchcock tanto por seu suspense como por seu humor, recicla através das relações entre o casal protagonista momentos inspirados de grandes duplas cinematográficas, incluindo Katharine Hepburn-Spencer Tracy. Há perfeição, sem ostentação, em cada pormenor. Como na gostosa ironia de certos diálogos, no inusitado figurino usado pela heroína (sem falar da situação que a obriga a vestir-se assim), na mais uma vez esplêndida trilha sonora de Delerue (seu 11° trabalho com Truffaut), na cenografia ao mesmo tempo realista e crítica, na notável fotografia em preto e branco de Almendros (pela sétima vez colaborando com o diretor).

E Truffaut, sempre um belo diretor de atores, mais uma vez não falha. Todo o seu elenco, desde o mais efêmero coadjuvante, é perfeito. E sua dupla principal, que carrega sobre os ombros praticamente todo o peso e ritmo da trama, é brilhante: seja pela sobriedade e contenção de Jean-Louis Trintignant, como o acusado; seja pelo dinamismo, leveza e mordacidade de Fanny Ardant como a heroína secretária, que além do impecável desempenho ainda premia a platéia com a deslumbrante exibição de sua beleza.

Federico Fellini

Um Fellini político, mágico, misterioso

Jornal da Tarde

16 de junho de 1984

E la Nave Va – Direção, Federico Fellini. Roteiro, F. Fellini e Tonino Guerra. Fotografia, Giuseppe Rotunno. Cenografia, Dante Ferretti. Figurinos, Maurizio Millenotti. Montagem, Ruggero Mastroianni. Música, Gianfranco Plenízio. Com Freddie Jones, Barbara Jefford, Victor Poletti, Peter Cellier, Elisa Mainardi, Norma West, Paolo Paoloni, Sarah Jane Varley, Fiorenzo Serra, Pina Bausch, Pasquale Zito, Linda Polan, Philip Locke, Jonathan Cecil, Maurice Barrier, Fred Williams, Elizabeth Kaza, Colin Higgins, Vittorio Zarfati, Umberto Zuanelli e Janet Suzman. Produção 1983, Itália. Cine Belas Artes (sala Villa-Lobos). Censura 14 anos.

No final, a câmara é recuada além da conta, para revelar que o luxuoso transatlântico Glória N. não passa de um navio de mentira, de uma ilusão. Federico Fellini mostra seu jogo, mas ao mesmo tempo propõe outro como o mágico que, ao fazer soltar o pombo de dentro da cartola, não dá a magia por terminada e transforma o pombo em outra qualquer maravilha. O espectador só poFde embarcar na proposta, como já embarcara há mais de duas horas no próprio e mentiroso navio, para um estranho e revelador cruzeiro sobre um igualmente mentiroso mar de plástico. Porque Fellini inicia *E la Nave Va* como um velho documentário, as imagens riscadas pelo tempo, o barulho insistente de um velho projetor, os atores se movimentando em lugar da câmara, as imagens em preto e branco, sem nenhum som. Em 20 minutos, sem que possa perceber exatamente a partir de quando, a platéia estará envolvida numa história de ficção, filmada com todos os recursos e possibilidades modernas. Viajando pelo Mar Adriático, em busca da ilha onde terá nascido Edmea Tetua, a cantora das cantoras de ópera, cujo último desejo é ter as cinzas espalhadas em redor de sua terra.

A este carinhoso ritual comparecem aristocratas, empresários, fãs, cantores amigos, maestros, poderosos. É julho de 1914 quando o Glória N. parte do porto de Nápoles. Um jornalista, um pouco bonachão e um pouco sentimental em sua bisbilhotice, toma o lugar do próprio Fellini para conduzir a ação. Dúvidas

sobre sua capacidade de apreender a realidade, dúvidas sobre o que se está passando, dúvidas sobre as possibilidades de se narrar esta viagem – aliás, de que viagem mesmo se trata? Ao jornalista cabe também apresentar os personagens, gente como um gordo arquiduque, sua irmã cega e princesa, seu primeiro-ministro, seu chefe de polícia, um inglês *voyeur* de sua própria e ninfomaníaca esposa, um artista de variedades que entrega seu coração e seus isqueiros aos marinheiros, maestros, professores de canto, cantores e suas rivalidades – a serem explicitadas em formidável duelo de agudos para uma platéia de maquinistas, nas barulhentas entranhas do transatlântico.

Fellini se repete e, ao mesmo tempo, renova-se. Acrescenta sua galeria de personagens típicos, desta vez aparentemente sem recorrer tanto a seu particular baú de memórias. Tece o mais pertinente comentário sobre o mundo em que vivemos, enquanto expõe os requintados passageiros e os submissos tripulantes. E estes logo terão a populosa companhia de um bando de refugiados servo-croatas que as leis internacionais de navegação obrigam o Glória N. a pescar do mar. Estará entre eles o que acendeu o estopim da I Guerra, assassinando em Saravejo o arquiduque Ferdinando?

Os destinos do mundo são profetizados na sala de esgrima; o passado de Edmea Tetua ficará guardado nos 18 quadros por segundo que um príncipe apaixonado exibe em seu camarote; o presente e a urgência das transformações ocupam o convés, onde a ansiedade faminta dos refugiados toma espaço no ritualístico lazer aristocrático. Um tenor adormece galinhas, um grupo de músicos executa Schubert em copos de cristal, a segunda maior cantora do mundo passeia pelo navio, aliviada por passar ao primeiro lugar, um cigano transporta um rinoceronte apaixonado. A vida, o amor, a partida e a saudade são celebrados em árias de Verdi e Rossini, com letras cuidadosamente adaptadas.

Vaidades, diferenças sociais, o medo da guerra, um final trágico: o Glória N. irá a pique, atingido por um cruzador, da mesma forma que o estilo de vida dos seus viajantes, atingido pela História. Evidências que fazem de *E la Nave Va* o mais urgentemente político dos filmes de Fellini. Sem perder sua magia nem seu mistério, destilados em imagens deslumbrantes, numa sucessão de encantamentos, de definições claras ao lado de enigmáticas reticências. Um filme que desafia explicações, que transcenderá qualquer rótulo: sorte nossa podermos ser o porto onde pode chegar esta nave com seu velho e genial lobo do mar.

Uma Lição de Delicadeza

Ginger e Fred é um filme de personagens, com a sensibilidade de Fellini e sua ira contra estupidez e a má fé da televisão e da publicidade

Jornal da Tarde

24 de dezembro de 1986

Ginger e Fred – Direção, Federico Fellini. Roteiro, Fellini, Tonino Guerra e Tullio Pinelli. Fotografia, Tonino Delli Colli e Ennio Guarnieri. Música, Nicola Piovani. Com Giulietta Masina, Marcello Mastroianni, Franco Fabrizzi, Frederic Ledebur etc. Produção 1985, Itália. Cines Arouche A, CineArte Um e Belas Artes. Censura 10 anos.

A história é simples, quase que apenas um fio em torno do qual imagens e situações vão sendo alinhadas. Uma senhora desembarca na estação ferroviária de Roma. Um pouco antiga, um pouco ansiosa, é recebida por uma secretária, metida num veículo que ao longo do caminho recolherá outros passageiros até deixá-los num hotel. Esta senhora, que num curto espaço de tempo já dividiu seu espaço e trocou palavras com um travesti, dois gêmeos sósias do compositor Lucio Dalla, um herói nacional tão velho que dormita entre uma e outra frase desconexa, foi chamada em sua cidade para participar de um programa de televisão. Porque 30 anos atrás fez sucesso em companhia de um parceiro a quem nunca mais reencontrou, imitando Ginger Rogers e Fred Astaire, astros supremos do musical americano que estiveram juntos em dez filmes, a partir de 1933 com Viagem para o Rio.

A senhora em questão, chamada de Ginger, mas na verdade Amelia Bonetti, que se casou, ficou viúva e tem dois netos, irá reencontrar-se com Fred, na verdade Pippo Boticcella, um solitário que se enturma facilmente com outros solitários, como os mendigos da tevê ou o negro que dança *break* na estação. Com *Ginger e Fred*, o diretor Federico Fellini retoma algo havia há muito tempo abandonado: um filme de personagens e não somente uma alegoria, um desfile de fantasmas interiores e eternos, como tem feito desde *Oito e Meio*, em 1963.

Mas *Ginger e Fred* é, também, uma alegoria. Amargo e por vezes irado comentário do cineasta sobre a estupidez, a grossura e a má fé de dois dos pilares fundamentais da civilização dita moderna, a televisão e a publicidade – que no filme se apresentam quase sempre juntas. De qualquer maneira, para Fellini, são duas forças empenhadas na dessensibilização, no barateamento das emoções. Não é novo o que o filme está dizendo, assim como não há mentira ou exagero (que este é uma característica de *Rede de Intrigas*, de Sidney Lumet, por exemplo) nesse discurso muito mais desolado do que enfurecido.

Contra a dessensibilização, sensibilidade. Contra a estupidez, delicadeza. Amelia e Pippo são uma receita felliniana de humanidade. Toques, climas, olhares, lembranças, humor às vezes simplesmente engraçado (como no encontro de Amelia com o suposto sósia de Clark Gable ou as bravatas e piadas de seu partner), muitas vezes dilacerante (os sinais da decadência física de Pippo, as participações no programa de tevê da mulher que ficou sem ver televisão ou do deputado que faz greve de fome pela ecologia).

Sem sacudir o espectador, sem lhe provocar sequer um sobressalto, o gênio de Fellini alinha com minuciosa clareza uma coleção de absurdos produzidos por uma sociedade, uma civilização estilhaçada, cujos sentimentos são ditados e dimensionados pela divindade tecnológica chamada televisão. *Ginger e Fred* preparam seu número, se vestem, se maquiam, ensaiam, são assaltados pelo medo – e não somente o medo de enfrentar as câmeras mas também outros, mais profundos, indefiníveis e densos, que podem estar disfarçados pelo gesto mecânico de esconder uma ruga. Como todos os outros em volta deles, como o próprio apresentador do programa. Quando porém essa densidade humana é traduzida pela tevê, ela perde sua essência e se pasteuriza: frade que voa e vaca de 20 tetas, anões que dançam e calcinhas comestíveis, travesti ou celibato dos padres, tudo tem o mesmo significado banal da mais grosseira mensagem publicitária.

Há muita ironia e muita ternura: se a tevê é a praga da civilização, ela é também a continuação do mágico e do maravilhoso do espetáculo, mágica e maravilha que fizeram de Fellini um artista. A diferença, como mostrada pelo cineasta, é que para a tevê interessam as aparências, as aproximações, a máscara do sósia e não o que está por trás dela. Ele, Fellini – e, naturalmente, o cinema – vai mais fundo: pode revelar, além de *Ginger e Fred*, a Amelia e o Pippo que estão por trás deles, dois seres humanos dos quais o espectador não vai se esquecer, dois sobreviventes numa sociedade que, tal como está registrada, optou pela "desumanização". Assim, há também muita angústia e muito desespero no suave lirismo deste filme. *Ginger e Fred* poderia ser alinhado, junto com palavras como finura, leveza, brandura, fragilidade, sensibilidade, sutileza.

Kurosawa

Ran (Caos)

A obra máxima de um artista superlativo

Jornal da Tarde
22 de março de 1986

O artista é o cineasta japonês Akira Kurosawa. Com Ran – uma obra-prima – ele poderá nesta segunda-feira receber o Oscar de melhor diretor.

Talvez seja o último. Foi certamente o mais planejado, o mais esperado, o mais difícil e complicado, o mais dispendioso entre seus 29 filmes. *Ran*, que estréia nesta quinta em São Paulo, é uma dessas obras-primas dignas de fechar uma carreira, de permanecer como indelével testamento de um gênio. Um filme como poucos na história do cinema, que pode ser colocado ao lado do Napoleão, de Abel Gance, de *Nascimento de Uma Nação*, de David Wark Griffith, de *Ivan, o Terrível*, de Serguei Eisenstein. Que pode ser colocado ao lado de outras obras-primas do seu próprio autor, o japonês Akira Kurosawa, 76 anos, viúvo, uma tentativa de suicídio, um livro de memórias, uma carreira cinematográfica de 46 anos, iniciada em 1940 como roteirista e assistente de direção num filme intitulado *O Cavalo*, de Kajiro Yamamoto.

Há cinco anos, uma espécie de rascunho de *Ran*, o belo, grave, outonal e visualmente arrebatador *Kagemusha, a Sombra do Guerreiro*, lhe dera a Palma de Ouro de Cannes e lhe resgatara um prestígio injustificadamente abalado. Passara 11 anos sem filmar no seu país, desde Dodeskaden, em 1970. Cinco anos depois foi à URSS para seu primeiro e único filme longe de casa, *Derzu Uzalá*, solene reverência à sacralidade da natureza e seus mistérios, pelo qual recebeu o Oscar de melhor produção em língua estrangeira exibida nos Estados Unidos em 1975. Nesta segunda-feira poderá obter outra dessas estatuetas douradas que, se não garantem a qualidade, pelo menos atraem a atenção de milhões de pessoas no mundo inteiro. Kurosawa é candidato, e aparentemente favorito, ao Oscar de melhor direção, justamente por *Ran*. Prêmio que disputa com outro gigante cinematográfico, John Huston, dois anos mais velho do que ele, com Sidney Pollack, o australiano Peter Weir, o brasileiro Hector Babenco.

Prêmios

Um colecionador de grandes prêmios que, em 1951, já recebia o Leão de Ouro de Veneza por *Rashomon*. Este filme informou ao mundo ocidental sobre a existência de um cinema de refinada qualidade num país então apenas lembrado como vencido pelos aliados e ocupado pelos americanos. A nomeação para o Oscar, agora é um desagravo ao próprio país, cujo regime vê como cerceador da liberdade, a ponto de não tentar filmar nenhum argumento sobre o cotidiano – acha que não lhe deixariam dizer exatamente o que pensa e sente. Talvez, por isso, o Japão que deveria ter inscrito *Ran* para disputar o Oscar de filme estrangeiro, preferiu privilegiar um outro cineasta. A França – *Ran* é uma co-produção, orquestrada pelo produtor Serge Silberman, e tem dupla nacionalidade – poderia ter feito a mesma coisa, mas preferiu promover *Três Homens e um Bebê*, de Coline Serreau, seu maior êxito doméstico de bilheteria desde Emmanuelle. Como no Oscar, pelo menos na indicação dos cinco concorrentes, cada categoria (na final, todos votam em tudo) só vota em sua própria categoria, a Associação dos Diretores Cinematográficos votou seu nome, deixando fora da lista final ninguém menos do que Steven Spielberg, que fez um filme tido como "sério", *The Color Purple*, visando especialmente este prêmio que ainda não conseguiu ganhar.

Com ou sem Oscar, *Ran* (expressão que pode ser traduzida mais imediatamente por caos ou tumulto e mais sutilmente por intriga) permanecerá como uma obra rara. Segundo encontro nas telas entre Kurosawa e William Shakespeare, uma de suas leituras obrigatórias desde a juventude, assim como é também Dostoievski. Em 1957, o mestre já transpusera Macbeth para o Japão, em *Trono Manchado de Sangue*. Com *Ran*, ele vai ainda mais fundo, ao *Rei Lear*, a mais densa e profunda entre as tragédias da maturidade de Shakespeare, que no palco tem servido para coroar as carreiras dos maiores atores. A afinidade entre Kurosawa e o bardo de *Stratford upon Avon*, ainda que não assumida explicitamente, está ainda em outro filme: *O Homem Mau Dorme Bem*, produção de 1960, costuma ser chamado de "o Hamlet japonês".

Se bem que, nem para *Trono Manchado de Sangue*, nem para *Ran*, o cineasta tenha partido inicialmente de Shakespeare. Ambos os filmes partem de histórias japonesas, de senhores feudais do século XVI, tempo em que está ambientado também *Os Sete Samurais* (54), talvez seu filme mais popular em todo o mundo.

- Acredito que os homens desse tempo eram mais marcados que os de hoje e mais completos. Pode-se ver a beleza e a inteligência das coisas que nos deixaram. Por exemplo, reconstituí e desenhei o capacete da batalha dos guerreiros desse tempo a maneira de prendê-los, apenas com uma fita. Simplicidade e eficácia incríveis, que se perderam nos períodos seguintes. É um exemplo trivial esse que estou dando, mas serve para tudo. Gosto dessa época do sengoku (país em guerra) não pela guerra, mas porque as pessoas viviam livres. Os que tinham força para ganhar a vida com as mãos podiam dirigi-la segundo seu desejo, tinham liberdade para expressar sua personalidade e explorar toda sua humanidade. Os guerreiros eram livres para escolher um senhor e só lhes permaneciam fiéis se este não os decepcionasse. Nessa época tudo era mais belo, até a maneira de morrer. É por isso que ambientei meus filmes nesse período admirável da história do Japão, período que precede muito à época monótona dos Tokugawa, dinastia completamente fechada para o Ocidente e para idéias novas.

Ran, que custou 12 milhões de dólares e é disparadamente o filme japonês mais caro de todos os tempos, parte da história de um certo Motonari Mori (1497-1592), senhor da guerra do século 16, cujos filhos são admirados no Japão como paradigmas de virtude filial. *"Como teria sido sua história, fiquei imaginando quando fazia as pesquisas, se esses filhos fossem maus? Foi só depois de já estar bem mergulhado no roteiro sobre esses imaginários filhos maus do clã Mori que percebi as similaridades com o Lear. Uma vez que a história se passava no Japão medieval, essas crianças teriam de ser do sexo masculino; dividir um reino entre filhas seria absolutamente inimaginável nesse período"* – (em toda a obra do diretor não existe filiação feminina, todos os filhos são sempre masculinos).

Chegar ao primeiro rodar de manivelas de *Ran* definitivamente não foi fácil. O produtor Serge Silberman, amigo íntimo e responsável por cinco filmes de Luís Buñuel, inclusive as obras-primas *O Discreto Charme da Burguesia*, *O Fantasma da Liberdade* e *Este Obscuro Objeto do Desejo*, só não filmando com o iconoclasta espanhol, santo maior do altar do Cinema, a história do devasso e vampiresco Gilles de Rais porque a morte interrompeu essa colaboração, teve de levantar dinheiro em três continentes. E mesmo depois de obter dinheiro, sua relação pessoal com Kurosawa, o próprio Silberman, judeu polonês que sobreviveu de variadas maneiras até abraçar o cinema, admite:

- Eu me sentia numa situação complexa, vendo que se tentava às vezes erguer um muro entre Kurosawa e eu. Mas quando nos reencontrávamos, reencontrávamos nossa cumplicidade. E, apesar de tudo, compartilhávamos algumas páginas de vida, sendo algumas muito felizes. Essa aventura que começou em Tóquio em 18 de setembro de 1982 só terminaria três anos mais tarde, com o lançamento de Ran na França. Fui o primeiro a entender que Kurosawa precisava de meios para exprimir-se. No final das contas creio que lhe permiti realizar *Ran* como ele havia sonhado. Com quem ele pode conversar e brigar no Japão? Lá, as grandes companhias enviam-lhe seus funcionários. Qual é o contato que ele pode ter com um funcionário? Se você quer calcular o preço de um filme com seu realizador, é necessário amar esse filme tanto quanto ele, e, se possível, da mesma maneira. Apesar de dois ou três desentendimentos, Kurosawa foi sempre muito gentil, saíamos juntos, ele não deixava que me faltassem flores no quarto... É um homem de espantoso talento pessoal, que desenha e pinta seus filmes. E cada desenho, cada aquarela, dá imediatamente tanto o ângulo de filmagem como a expressão dos atores, a cor dos figurinos. Para *Ran*, Kurosawa tinha imaginado tudo, previsto tudo, os rostos, as paisagens...

Para Kagemusha, o mestre japonês, aliás, o Imperador, como lhe chamam os admiradores, já tivera também a ajuda estrangeira de Francis Coppola e de George Lucas, que se tornaram co-produtores do filme. Na verdade, o filme só foi completado por obra dessa associação. E o método de Kurosawa de desenhar antes o que pretendia filmar foi aperfeiçoado aí, não como preparação para filmagem, mas como compensação. Com o filme indo e vindo em interrupções e indecisões durante quase quatro anos, o cineasta diz que não podia mais guardar dentro da cabeça tantas imagens que planejara. *"Então, para salvar alguma coisa desse naufrágio, e também para lutar contra o desespero, comecei a desenhar e a pintar. Depois, com a intervenção de Coppola e Lucas o filme se tornou possível. Já tinha feito 250 desenhos, que a equipe do filme considerou utilíssimos para o trabalho de cada um. Pediram que eu desenhasse todas as cenas que ainda não tinham sido filmadas e acabei fazendo um total de 500 desenhos. Percebi sua utilidade num sentindo duplo. Para mim, desenhar obriga a concretizar as idéias de cenas que descritas por palavras guardam um pouco de mistério: quais serão os desenhos dos bordados, a composição da armadura, o em-*

blema dos combatentes, etc? Para resolver esses problemas com a precisão que o desenho exige, é preciso pesquisar com rigor. Para se explicar com os assistentes, os atores, um bom desenho é mais eficaz do que um longo discurso. Assim, para Ran *fiz o desenho dos elementos essenciais".*

Estrangeiros

Alguns destes desenhos, bem como outras pinturas de Kurosawa, que estudou belas artes antes de voltar-se para a atividade cinematográfica, estiveram expostos numa galeria de Nova York em dezembro passado, na época do lançamento americano de *Ran*.

O Lear de Kurosawa se chama Hidetora, e as filhas do rei shakespeareano, Goneril, Regan e Cordélia – a única a prevenir o pai sobre as conseqüências do seu gesto insano ao dividir seu reino entre a prole – tornaram-se respectivamente Taro (Akira Terao), Jiri (Jinpachi Nezu) e Saburo (Ryu Daisuke). Hidetora, que tem um passado sangrento, ao contrário do personagem de Shakespeare cujo acúmulo de poder e fortuna nunca nos é explicado (e que por isso mesmo sofre ainda mais, porque não sabe do que está sendo punido), é o mesmo Tatsuya Nakadai de Kagemusha. E que antes já trabalhara com Kurosawa em *Yojimbo, Sanjuro* e *Céu e Inferno*, nos anos de 1961, 62 e 63. Nesses três filmes o outro protagonista era Toshiro Mifune, que foi durante quase todo o tempo o ator favorito do diretor, de *O Anjo Embriagado*, em 1948, até *O Barba Ruiva*, em 1965, grande fracasso, certamente o maior, do cineasta, início de uma grande crise pessoal que o levaria até a uma tentativa de suicídio.

Quando esteve em Nova York para o lançamento americano de Ran, Kurosawa falou muitas vezes de sua admiração pelo trabalho de Nakadai, que ele considera como extraordinário: *"Sem dizer uma palavra e com poucos gestos onde se apoiar, ele deve transmitir a desintegração da consciência e do poder. Com seu castelo em chamas, seus soldados mortos e agonizantes, ele emerge sozinho entre nuvens e fumaça, olhando fixo para frente, descendo uma longa escadaria. Eu não queria que ele tremesse ou olhasse para o chão, mas eu mesmo toda vez que tinha de descer esses degraus durante os ensaios da cena tinha de ser amparado por dois ou três técnicos. Com o castelo sendo literalmente consumido em chamas, nós tínhamos de fazer toda a cena numa única tomada. Se falhássemos, a intensidade dramática perderia muito, embora tivéssemos de aceitar isto, pois não havia a menor possibilidade de repetição. Mas Nakadai fez tudo perfeito, não deu um único passo em falso nem deixou de olhar fixamente para lugar nenhum, como um louco. Foi magnífico"*.

O diretor descreve assim os bastidores de uma das mais impressionantes seqüências deste filme de seqüências impressionantes. Um castelo inteiramente em chamas, construção que consumiu mais de um milhão de dólares, e Nakadai emergindo dentro dele, a própria tradução da dor, do espanto, dos insondáveis abismos do inferno, no sentindo literal ou figurado.

E além de Nakadai Ran tem outros dois personagens e interpretações que nenhum espectador conseguirá esquecer. O bobo, também importante em Lear, que comenta a ação, que provoca, que faz rir ferindo fundo, feito por um travesti chamado Peter, astro pop da televisão japonesa. E, principalmente, Dama Kaede, a mulher do filho mais velho e depois, quando este é assassinado, amante do filho intermediário. Dama Kaede, interpretada por Mieko Harada, jovem atriz conhecida no Japão em dramalhões de tevê, combina as piores característi-cas de Goneril e Regan, as filhas más de Lear, com toda a maldade represada e o espírito vingativo que Shakespeare injetou na Lady Macbeth ou em Iago. É impressionante a seqüência em que ela primeiro domina com o erotismo, e depois com a força física, seu frágil cunhado.

Outro momento impressionante: os quase três minutos do primeiro massacre, uma batalha selvagem da qual Kurosawa tira todos os sons de guerra para deixar apenas a impressionante música de Toru Takemitsu. *"Desde o início da redação do roteiro eu já previra que a primeira parte da seqüência seria silenciosa: queria mostrar a batalha do ponto de vista do Céu, mudo e horrorizado diante da estupidez dos homens"*. Dor e beleza misturam-se e não faltou quem interpelasse Kurosawa a respeito de sua fascinação pela violência: *"A guerra tem um estranho encanto, sem dúvida. Às vezes parece bela, exerce um certo fascínio estético que encobre justamente a sua realidade. No cinema, e aí está o perigo, filmamos cenas estarrecedoras, mas deste horror bizarramente nasce, ainda que não seja de forma voluntária, uma autêntica beleza. Pessoalmente não me sinto de forma alguma fascinado pela guerra ou pela violência, não as posso suportar. Mas sou obrigado a olhá-las, mesmo detestando. As pessoas em geral pensam que filmamos melhor aquilo que amamos. Em minha opinião é o contrário: filmamos melhor o que detestamos"*.

Durante os dez anos que passou esperando a oportunidade de realizar *Ran*, Kurosawa dirigiu mentalmente o filme dezenas de vezes. Mas até um filme sabido de cor por seu autor ainda pode incorporar algumas surpresas, algum improviso estimulado pelas condições de filmagens. Na seqüência após a batalha, com todos os soldados mortos e ensangüentados, o que gastou uma preparação de muitas horas até ter todos os corpos, formas, cores e volumes como queríamos, começamos a rodar quando o sol esquentando demais o solo, fez com que se levantasse uma estranha névoa do chão. *"Meus cameramen e assistentes queriam suspender tudo imediatamente, nunca tínhamos visto nada igual. Eu fiquei fascinado e insisti que continuassem filmando. Era difícil para eles, porque a luz mudava com a névoa, tinham que ajustar o nível de exposição das lentes. Mas o resultado foi fantástico. Outro momento inesperado de luz e cor ocorreu na seqüência do encontro entre Hidetora e sua nora, cuja família mandara exterminar, no alto da rampa do castelo, contra um pôr-do-sol. Enquanto rodávamos, o vermelho do poente que procurávamos foi se tornando de um cinza escuro, reforçando o clima gelado que eu queria para este encontro. São dois momentos em que a natureza me ajudou ir além do que eu previra. Nunca imaginara essa perfeição de cor enquanto escrevia ou desenhava a cena!"*

Nakadai

Este filme crepuscular que para os críticos só poderia ter sido realizado por um artista em sua terceira idade, de posse de toda a sabedoria, teve técnicos e colaboradores que vêm acompanhando Kurosawa há mais de 30 anos. Mas essa passagem de tempo não excluiu também registros dolorosos. Quase ao final das filmagens morreram Fumio Yanoguchi, técnico de som de quase todos os filmes do diretor desde 1949, e, poucos dias depois, Ryu Kuze, coordenador de ação. Um mês antes de as filmagens serem iniciadas morreu a mulher de Kurosawa, com quem ele passou 40 anos casado, desde que a fez abandonar o cinema em 1944, depois de haver sido sua atriz em *Ichiban Utsukuchiku (The Most Beautiful*, em inglês), seu segundo filme. Ela nunca integrou sua equipe técnica, mas foi sempre a base de sua vida privada.

Em *Something Like an Autobiography*, seu livro de memórias lançado em 1982, Kurosawa, nascido em 23 de março de 1910 e que teve um irmão comentador de filmes mudos que se suicidou após uma greve mal sucedida, conta que não sabe até hoje o que o fez entrar para o mundo do cinema, três anos depois da tragédia familiar. O cinema não deve ter nenhuma dúvida sobre a recíproca dessa questão: após 29 filmes sabe que adotou este japonês para garantir seu status de arte das artes. Embora essa constatação não impeça o artista de se sentir cercado ou ameaçado:

- Dizem que no Japão existe liberdade de expressão, como testemunha a proliferação de filmes de categoria B e do cinema pornô. No entanto, se você se interessa por questões mais sensíveis, como a política, essa liberdade já não é tão evidente. Com o *O Homem Mau Dorme Bem* tive sorte, os produtores não haviam lido o livro. Quanto aos filmes históricos, evidentemente você não corre nenhum risco, escapa da censura, que de fato existe. Mas os censores não são sempre clarividentes. É completamente paradoxal que *Viver* tenha recebido prêmio do Ministério de Educação Nacional. Os funcionários obviamente não entenderam as críticas que eu lhes fazia. Na cena final meus personagens dizem que vão recomeçar uma nova vida. E apesar dessas declarações tudo recomeçava como antes. Esta constatação não agradou, sofri pressões para corta essa seqüência. Só consegui mantê-la ameaçando os produtores de destruir o filme no caso de eles insistirem em querer me censurar.

São críticas a um sistema, mas nunca discursos óbvios, mensagens. Porque esta é uma palavra que deixa irritado o imperador K. Ano passado, no lançamento de Ran em Tóquio, ele demoliu um repórter que lhe perguntou sobre isto:

- Se tivesse mensagens para enviar a alguém escreveria uma carta ao invés de fazer um filme. O cinema não é um médium para enviar mensagens específicas, é um meio de expressão multiface, destinado a um público muito vasto. Cada um dos espectadores reage de maneira pessoal. Ran não tem mensagens, faz perguntas. É uma advertência: estamos à beira de um precipício, temos de enfrentar a realidade, concentrar nossos esforços para viver em harmonia. Por que os homens se deixam sempre arrastar para a infelicidade? Por que não podem viver em paz, com um pouco mais de bondade recíproca? Esta é a pergunta feita em todos os meus filmes.

Ran: acima de tudo, arte. Deslumbrante

Jornal da Tarde

27 de março de 1986

Ran – Direção, Akira Kurosawa. Roteiro, Kurosawa, Hideo Oguni e Masato Ide, inspirado em O Rei Lear, de William Shakespeare. Fotografia, Takao Saito e Masaharu Ueda. Música, Toru Takemitsu. Com Tatsuya Nakadai, Akira Terao, Jinpachi Nezu, Ryu Daisuke, Mieko Harada, Yoshiko Myazaki, Masayuki Yui, Kazuo Kato, Peter, Hitoshi Ueki, Jun Tazaki, Hisashi Ikawa, Takeshi Kato, Takeshi Nomura, etc. Produção 1985, Japão-França. Cines Belas Artes-Villa Lobos, Majestic, Metrópole e Top Cine. Censura: 14 anos.

O patriarca adormece depois da caça ao javali. O patriarca sonha e acorda preocupado. O patriarca, pressentindo provavelmente a vizinhança da morte, numa atitude sábia e generosa, dividirá seu reino entre seus três amados filhos. Para os dois mais velhos, um gesto impecável. Para o mais jovem, absoluta loucura. O patriarca se irrita, deserda e desterra o mais jovem. Que, como se pode bem imaginar, disse coisas desagradáveis e corretas, de resto apoiadas pelo criado encarregado de divertir o patriarca, que aproveita a franquia atribuída aos que devem patrocinar o alívio cômico para provocar risos tensos com suas verdades embaraçosas.

Dividindo seu poder, o patriarca é despojado da autoridade que lhe resta primeiro por um e depois pelo outro filho – e os dois obviamente brigarão entre si as batalhas estimuladas pela ambição. Louco de pasmo e de dor, o patriarca vagueia em companhia do palhaço fiel, porém implacável. Conseguirá encontrar consolo abdicando do orgulho e reconciliando-se com o filho mais jovem, o rebelde e deserdado por haver dito a verdade?

Com três mulheres em lugar dos três homens, Shakespeare contou praticamente a mesma história de desamor filial, de perda de poder, ambição e violência com *O Rei Lear*, a mais densa de suas tragédias da maturidade. Akira Kurosawa, a partir da interpretação pessoal da trajetória de um senhor feudal japonês, Motonari Mori (1497-1592), inverte a posição dos seus filhos como paradigmas do amor filial para torná-los semelhantes às herdeiras shakespearianas. Com uma diferença fundamental: enquanto o Lear não tem passado, representa uma ordem e um poder aparentemente legítimos, o Hidetora de Kurosawa passará por todas essas provações atormentado pelo remorso. Seu poder foi erigido sobre muito sangue e muitos cadáveres, o patriarca justo e humano que adormece após a caçada ao javali é uma máscara conquistada a ferro e fogo. O que lhe acontece na velhice não o surpreende por ser injusto, mas por lembrá-lo que o controlado pela força e pela violência sempre explodirá adiante em força e violência multiplicadas.

Ran é um retrato, uma interpretação da guerra, como tantos artistas maiores ou menores já fizeram através de toda a história da civilização humana. Um retrato extraordinário, porque realizado por um artista superior, um dos grandes mestres da linguagem do cinema, essa arte jovem e híbrida, chamada de a sétima não simplesmente pela cronologia mas também porque pode englobar as características das que a precederam. Assim, *Ran* é uma visão da guerra que engloba grandes obras da literatura, da música ou da pintura, por exemplo. A dor, o horror, a estupidez dessa incapacidade de entendimento entre os seres-humanos motivaram obras-primas em diversos campos. Kurosawa, sem deixar em nenhum momento de proclamar suas convicções humanísticas, rende-se ao mesmo tempo ao fascínio da dor e da violência, à atordoante beleza dos massacres explícitos e aos abismos da violência implícita nos corações, coisas que – como diz um dos personagens de *Ran* – devem divertir sobremaneira os deuses superiores e distantes.

Há poucas obras em toda a história do cinema que se possam comparar à grandiloqüente beleza de *Ran*, à sua espantosa capacidade de utilizar-se do mais sublime para testemunhar e reconstituir o mais terrível. Uniformes, armas, objetos, roupas, nuvens, trovões, planícies, castelos, cores, movimento, emoção – estranha espécie capaz de produzir tanta beleza e, ao mesmo tempo, colocar essa beleza a serviço do registro também dos seus abismos, de sua escuridão. Nos anos 60 um grande produtor queria colocar nas telas visões do Paraíso (por Ingmar Bergman), do Purgatório (por Fellini) e do Inferno, para o qual escolheu Kurosawa. Este filme jamais chegou a ser realizado, mas Ran é uma inesquecível descida aos infernos.

Ao desamor filial, ingratidão e ambição de poder e conquista, junta-se a obsessão da vingança, do acertar as contas com o passado, personificada por Dame Kaede (Mieko Harada, extraordinária interpretação), vítima que se transforma em monstro, na verdade uma criação do patriarca Hidetora. Inferno ainda mais denso quando se vê sua contra-partida apresentada por Kurosawa: a nora capaz de perdoar, nada pode em sua fragilidade, enquanto outra vítima de Hidetora, o jovem flautista Tsurumaru, cegado em criança pelo patriarca, é deixado ao final diante de um abismo pelo cineasta, despojado até mesmo de sua imagem de Buda, tendo como garantia de salvação apenas uma remota possibilidade do acaso.

Além de sua intensidade enquanto procura investigar e documentar sentimentos humanos, *Ran* é incomparável quando enche a tela com a conseqüência desse jogo de sentimentos, a explosão da guerra e da violência. São seqüências majestosas, visualmente deslumbrantes, dramaticamente aterradoras. Basta que se lembre os dois minutos do primeiro ataque ao castelo, quando todos os sons da guerra são substituídos por música (aliás, é magnífica a trilha sonora do filme, bem como sua fotografia e direção de arte), ou a seqüência em que Hidetora (um Tatsuya Nakadai que parece inadequado de início mas aos poucos vai adquirindo todo o peso do personagem) deixa, enlouquecido, o castelo em chamas, como único sobrevivente. Lições de cinema, obviamente. Cujo impacto se multiplica porque estão inseridas no discurso de um artista que testemunha e reflete sobre o inesgotável objeto da paixão de todos os artistas: a sua própria espécie.

Delírios, inspirando mestres do cinema

Jornal da Tarde
17 de maio de 1990

No ano do centenário de sua morte, Vincent Van Gogh (1853-1890) conquista também um grande espaço nas telas de cinema e de televisão. É ao pintor holandês que neste instante se credita os momentos mais refinados de *Dreams (Sonhos)*, o 28º longa-metragem do grande mestre do cinema Akira Kurosawa. Van Gogh é personagem de um dois oito sonhos narrados por Kurosawa. Esta superprodução patrocinada por George Lucas e Steven Spielberg foi escolhida para a noite de abertura do 43º Festival de Cannes, sendo recebida em geral com mais respeito do que propriamente admiração por grande parte da crítica. Porém os menos entusiasmados por este filme-síntese do octogenário Kurosawa, que nos anos 30 foi um grande estudante de pintura que idolatrava Van Gogh e que nos anos 70, tal como seu ídolo, também contemplou o suicídio, não escondem seu deslumbramento por *Os Corvos*, o quinto episódio de *Dreams*.

"Cuidado, ele esteve num hospício", adverte uma lavadeira ao jovem peregrino de *Sonhos* (Akira Terao), que é um retrato do diretor. A cena se passa em Arles – cenário constante do pintor, junto a uma ponte.

O Van Gogh de Kurosawa é interpretado pelo cineasta Martin Scorsese, a barba pintada de ruivo e chapéu de palha sobre a cabeça envolta por um pano branco que lhe cobre também a orelha cortada poucos dias antes. O jovem pintor Kurosawa vai encontrá-lo num trigal e ouve o ídolo falar da febre da criação: *"Eu trabalho como escravo, me revolvo com a força de uma locomotiva"*, dispara Van Gogh varando com o olhar de alucinado a paisagem amarelada. Logo depois desaparece. Para reencontrá-lo, e com a inestimável ajuda da fábrica de efeitos especiais Light & Magic, de George Lucas, o peregrino Kurosawa "penetra" as telas do pintor. Essa viagem fantástica, na opinião praticamente unânime dos críticos, faz o espectador prender a respiração.

Dreams, e especialmente *Os Corvos* (que seria a realização plena de um efeito já tentado pelo cineasta em *Dodeskaden*), remete a outras seqüências oníricas famosas na obra de Kurosawa aparecidas em *O Anjo Embriagado, Hakushi, o Idiota* e *Kagemusha.* Quando Van Gogh reaparece no episódio, o cenário reproduz exatamente a tela *Campo de Trigo* com *Corvos*, que o pintor terminou um mês antes da morte. É só uma rápida aparição antes de sumir no horizonte azul-escuro, imediatamente invadido por um bando de gralhas num ruído perturbador. Numa carta ao seu irmão Theo escrita dois anos antes da morte, Vincent alertava para a necessidade de um retorno à natureza. Outra coincidência entre o cineasta que filma como um pintor e o pintor que sem ter convivido com o cineasta dotou suas imagens do mais intenso movimento.

Essa característica ficou especialmente destacada num extraordinário curta-metragem de Alain Resnais, *Van Gogh* (1948, primeiro filme do cineasta), que dispensava as cores para privilegiar a arquitetura dramática da pintura em movimentos de câmera (travellings) que levavam o espectador a mergulhar nos espaços imaginados pelo pintor. A vida de Van Gogh, tal como foi romanceada por Irving Stone, seduziu também *Hollywood: Sede de Viver* (56), do diretor Vincente Minnelli, que misturou sua admiração pelo biografado com seu talento de notável colorista cinematográfico. Van Gogh era interpretado por Kirk Douglas, Theo pelo inglês James Donald e Gaugin por Anthony Quinn (Oscar de melhor coadjuvante).

Na tevê européia anuncia-se para os próximos dias o lançamento de *Vincent et Theo*, série em quatro capítulos que Robert Altman retirou das 600 cartas escritas pelo pintor ao seu irmão. Para o cinema, em filme de Samy Pavel, intitulado Van Gogh, o genial holandês será reencarnado no seu conterrâneo Rutger Hauer, com a curiosidade de ter ao lado Kirk Douglas como seu pai. Outro filme virá da França: o pouco amado cineasta Maurice Pialat pretende contar o último dia da vida de Van Gogh, agora provavelmente interpretado por Jacques Dutronc, depois que Daniel Auteil e em seguida Jean Hughes Anglade se afastaram do projeto (ou do diretor).

Tim Burton

Um horror hilariante e longo

Os Fantasmas se Divertem. E o público se cansa. Mas há momentos de prazer.

Jornal da Tarde

10 de novembro de 1988

Os Fantasmas se Divertem (Beetlejuice) – Direção, Tim Burton. Roteiro, Michael Bender e Michael McDowell. Fotografia, Tom Ackerman. Música, Danny Elfman. Com Michael Keaton, Alec Baldwin, Geena Davis, Jeffrey Jones, Catherine O'Hara, Winona Ryder, Annie McEnroe, Sylvia Sidney, Robert Goulet, Adelle Lutz etc. Produção 1988, Estados Unidos. Cines Gazeta, Eldorado 1, Liberty e circuito. Censura 10 anos.

No todo, *Os Fantasmas se Divertem (Beetlejuice)*, fica distante da perfeição. É, no mínimo, longo demais com seus 112 minutos, e não consegue manter o ritmo ao nível da inteligência e da surpresa de suas invenções. Em partes, trata-se de uma comédia original, repleta de novidades, que pode oferecer ótimos momentos de prazer cinematográfico. O diretor Tim Burton, que estreou no cinema dirigindo *As Aventuras de Pee-Wee* (85), depois de ter demonstrado seu talento dirigindo curtas de animação para os Estúdios Disney, e que já iniciou seu terceiro longa, *Batman*, com o mesmo Michael Keaton que interpreta o exorcista Betlegeuse, dito Beetlejuice, definiu este filme como *"uma espécie de* O Exorcista, *do ponto de vista dos mortos"*.

É mais ou menos isto mesmo. Um jovem casal vive seu amor mais que perfeito numa grande casa, localizada numa cidadezinha de sonho, quando sofre um fatal acidente (já com um marcante toque de humor negro e de desenho animado de Burton). Voltam para casa e só aos poucos vão descobrir que passaram para o outro lado, que não estão mais vivos. A casa tem novos habitantes e, apesar do esforço do casal para assustá-los, eles parecem insensíveis. Uma conselheira espiritual (boa participação da octogenária Sylvia Sydney) revela que os jovens mortos estão presos à casa por 125 anos e cabe a eles decidirem o que fazer com – ou contra – os indesejáveis hóspedes.

O "bioexorcista" Beetlejuice será a solução, ou a multiplicação da confusão. Acionado, ele não demora a mostrar serviço durante um jantar em que as perturbações principiam com todos os convidados repentinamente possuídos pelo ritmo do calipso *Matilda*, na voz de Harry Belafonte – aliás, um dos prazeres do filme, repetida em pelo menos três outras canções. Mas isto será apenas uma entrada do hilariante horror que se segue: camarões de um coquetel saltando fora das taças como dedos de mãos loucos para pressionar as gargantas dos comensais ou uma gigantesca e indomável serpente. Não faltam também as convencionais cabeças separadas dos corpos, levitações variadas, fulminantes processos de envelhecimento e decomposição, revisitados pela ótica do humor.

Tudo isto com um tratamento visual alucinante e o ritmo frenético e deliciosamente improvável dos gags de animação. O diretor Burton não sabe muito bem é como encher o tempo sem fazê-lo tão notado entre um clímax e outro. A falta de fluência e uniformidade na sua narrativa é flagrante. Mas são ainda mais fortes as evidências do seu talento como cineasta capaz de tratar a imagem e o ritmo cinematográfico de maneira não convencional, recriando como novidade um gênero de cinema que parecia esgotado diante da série de repetições das últimas temporadas.

Uma fábula dark, que Nicholson ilumina

Louco, engraçado, sinistro, pungente, o Coringa de Nicholson rouba o filme inteiro, deixando para *Batman* apenas o título.

Jornal da Tarde
20 de outubro de 1989

Talvez a coisa mais intrigante a respeito de *Batman*, o filme, seja o fato de ele haver apurado cerca de 300 milhões de dólares nas bilheterias apenas nos Estados Unidos e Canadá. Não que o filme seja ruim, ao contrário. Mas porque, apesar de toda a formidável moldura publicitária que o tem tornado irresistível para as massas, *Batman* não faça nada de muito óbvio para contentá-las. É certo que há Jack Nicholson com todas as cores e toda a malignidade que o sorriso fixo do Coringa pode abrigar assim como diálogos que encantam pelo espirituoso de sua inteligência e oportunidade – especialmente quando proferidos pela boca certeira de Nicholson. Mas, no geral, falta excitação, movimento e verdadeiro suspense. Não há momentos que levem a platéia a torcer freneticamente ou a aplaudir aliviada por ver a situação resolvida segundo seu desejo – coisas que são oferecidas em profusão por *Máquina Mortífera 2* – aliás, o seu principal concorrente nas bilheterias.

Batman é uma fábula sinistramente *dark* – e essa definição não se restringe apenas a seu visual noturno, apocalíptico e esfumaçado. O trôpego roteiro do filme, que peca sobretudo pelo acúmulo de fatos em tão pouco espaço, com a história contada aos solavancos e sem maior clareza, confronta duas personagens altamente torturadas, niveladas pela obsessão; uma existindo quase que apenas em função da outra, como se fossem dois amantes psicóticos. *Batman*/Bruce Wayne persegue o bem absoluto; Coringa/Jack Napier, o mal, igualmente absoluto. O diretor Tim Burton acerta na condução dos labirintos psicológicos, mas não consegue tornar interessantes seus contornos exteriores, as ações motivadoras ou motivadas por essas obsessões.

Todas essas ações acabam extremamente frias e distanciadas em seu conjunto, embora Burton consiga encenar pelos belos momentos e – como já demonstrara antes no barato e muito mais fluente *Beetlejuice, os Fantasmas Se Divertem* – exiba sempre um sentido visual apuradíssimo. Desta vez, esse apuro visual está escorado por milhões de dólares de produção, com uma materialização magnífica de Gotham City em exteriores ou interiores, como cenários sempre carregados de citações e lembranças: há *Metrópolis*, o clássico expressionista de Fritz Lang, tanto quanto *Blade Runner*, o cult pós-modernista de Ridley Scott, ou até mesmo a escadaria do campanário de *Um Corpo que Cai*, de Hitchcock.

Alguns momentos isolados são brilhantes, como o "kubrickiano" (de *Laranja Mecânica*) ataque ao museu, com um Francis Bacon preservado por Coringa entre mutilados Rembrandt, Renoir e Degas, entre outras. Ou como a maravilhosa valsa final, onde o deslumbrante trabalho fotográfico de Roger Pratt chega a seu instante mais bonito. Em contrapartida, o filme nega ao espectador um momento esperado desde o primeiro encontro entre Bruce Wayne e Vicky Vale – o da revelação de sua identidade secreta de homem-morcego. Tudo fica resolvido, aparentemente, fora de cena, talvez por obra e graça (britânica, naturalmente) do dedicado mordomo.

Batman ganhou, desde seus primeiros dias nas telas norte-americanas, a reputação de instrumento da vingança do Coringa. É verdade. Do filme inteiro, Jack Nicholson só não conseguiu roubar o título, com sua exuberante criação. Ele é louco, engraçado, apavorante e, finalmente, pungente, sem perder nenhum dos registros anteriores. Michael Keaton, cujo físico briga com a idealização de qualquer super-herói que tenha conseguido sua reputação fora de Liliput, consegue superar brilhantemente este handcap na torturada interiorização de Bruce Wayne. Os coadjuvantes, assim como a trilha sonora de Danny Elfman, são esplêndidos, ou, pelo menos, muito bem utilizados. No primeiro grupo estão Michael Gough (o mordomo) e Jack Palance (Grisson, o chefão enganado por Napier); o segundo comporta desde Pat Hingle (o comissário Gordon) a Robert Wuhl (o repórter, esquecido pelo roteiro), passando por Jarry Hall (a amante que o Coringa deforma). Kim Basinger, a Vicky Vale, não se enquadra em nenhum: sua decantada beleza ressente-se do esforço de brigar contra figurinos pavorosos e sua habilidade como atriz permanece nula.

Uma fantasia surrealista, comovendo a platéia

Jornal da Tarde

24 de maio de 1991

Edward Mãos de Tesoura (Edward Scissorhands) – Direção, Tim Burton. Roteiro, Caroline Thompson, baseado em argumento dela e de Burton. Fotografia, Stefan Czapsky. Música, Danny Elfman. Com Johnny Depp, Wynona Rider, Dianne Wiest, Alan Arkin e Vincent Price. Produção 1990, Estados Unidos.

Um conto fantástico em imagens de cartoon, onde a personagem central é uma mistura de Frankenstein com *ET*. Edward, que provavelmente será amado pelas crianças e eleito como alter-ego por todos os adolescentes sensíveis e de variáveis níveis de desajuste em relação ao mundo, foi criado por um inventor, um velho excêntrico (Vincent Price, esplêndido), habitante de um castelo no alto da montanha sobre uma cidadezinha medíocre onde todas as casas são igualmente parecidas a caixas, com pintura convencional e jardins. Edward (Johnny Depp, do filme *Cry Baby* e do seriado Anjos da Lei) poderia ter se tornado a obra-prima do inventor, mas no momento em que este vai substituir as enormes tesouras nas quais terminam seus braços por mãos de verdade, não lhe resta mais tempo, já é hora de morrer. O jovem inventado passa a viver em absoluta solidão, divertindo-se em esculpir com suas tesouras as árvores do jardim do castelo. Assim ficaria se a má jornada profissional de uma vendedora da Avon (Dianne Wiest, envolta no clima de mansa loucura que perpassa os melhores momentos do filme) não a levasse montanha acima na tentativa de aumentar sua clientela.

A história é narrada por uma avó à sua netinha, ávida para mergulhar em universos menos rotineiros. Essa avidez curiosa o diretor Tim Burton estende facilmente ao espectador graças à sua habilidade de criar universos paralelos e fantásticos, comprovada tanto no brilhante *Os Fantasmas se Divertem* como no irregular *Batman*. Edward troca o castelo pela casa da vendedora. Esculpindo jardins, fatiando churrascos, impondo nova estética para pelos caninos e, na seqüência inevitável, cabeleiras femininas, torna-se o instantâneo queridinho da cidade. Uma das tonsuradas lhe propõe até abrir um salão de beleza, embora interessada em muito mais do que suas tesouras. Edward, sem entender muito seu inesperado êxito social na comunidade, não se deixa envolver pela admiradora – que passa a odiá-lo. Devota energias à pura adoração pela filha (Wynona Rider, com cabelos tingidos de loiro, namorada de Depp também na vida real) de sua hospedeira.

Ingênuo como o herói que comove por ferir-se a cada movimento e ferir os objetos do seu carinho, *Edward Mãos de Tesoura* acaba não esgotando o seu formidável potencial fantástico e lírico. O autor Burton foi mais louco e ousado ao imaginar o filme do que ao fazê-lo. Porém mesmo não ultrapassando os limites de bom comportamento do cinema convencional e de exagerar no seu propósito de seduzir a platéia infantil, a fábula tem momentos tocantes. Ainda que nenhum deles seja tão poético ou tão crítico ou tão engraçado quanto a idéia que os faz existir, *Edward Mãos de Tesoura* tem a saudável ousadia de propor uma fuga da rotina em época de filmes cada vez mais parecidos entre si.

Ridley Scott

Perigo na Noite: comum, mas com classe

Suspense a amor misturam-se neste novo filme de Ridley Scott. Mas o melhor fica por conta de Mimi Rogers

Jornal da Tarde

21 de julho de 1988

Perigo na Noite (Someone To Watch Over Me) – Direção, Ridley Scott. Roteiro, Howard Franklin. Fotografia, Steven Poster. Trilha sonora, Michael Kamen (e mais a canção-título, de George e Ira Gershwin, em interpretações de Roberta Flack, Sting, Ray Charles etc). Com Tom Berenger, Mimi Rogers, Lorraine Bracco, Jerry Orbach, John Rubinstein, Andreas Katsulas, Tony DiBenedetto. Produção 1988, Estados Unidos. Cines: Gazetão, Marrocos 1, Olido 1, Lumière, Eldorado, Center Norte, Penharama. Censura 16 anos.

Um filme chique, vistoso, bem produzido e bem editado. Como certos comerciais – muito raros, é verdade, já que nessa área é necessário ser vulgar antes de qualquer outra atitude – que de vez em quando aparecem na tevê. Cortes rápidos, exatos, vertiginosos. Situações expostas em tomadas rápidas, claras e objetivas. Extremos confrontados quase sempre em função da distância que separa um do outro. Ridley Scott nunca nega, passou da publicidade para o cinema e, ainda hoje, entre um filme de longa-metragem e outro, faz retornos a seu primeiro e milionário ganha-pão. Do cinema, a julgar por seus quatro primeiros filmes – os bem sucedidos *Os Duelistas, Alien, o 8º Passageiro* e *Blade Runner* e o frustrado e frustrante *A Lenda* –, este cineasta inglês sempre demonstrou querer muito mais do que qualquer comercial possa ambicionar.

O insucesso de *A Lenda* provavelmente mudou suas concepções e exigências. Neste seu quinto filme, *Perigo da Noite*, Scott limita-se a usar sua habilidade, seu conhecimento de ritmo e de imagem, seu reconhecido refinamento visual para contar uma história comum, do tipo que pode ser vista e imediatamente entendida por milhões de espectadores potenciais. Segundo suas próprias explicações, trata-se de tentar misturar suspense com uma história de amor, coisa até bem comum na produção B norte-americana dos anos 50. *Perigo na Noite*, tal como está na tela, confere exatamente com a proposta do seu realizador, que em algumas seqüências e climas do filme até demonstra seu conhecimento da obra de Alfred Hitchcock. Mas o mestre do suspense, reconheça-se, não é o alvo principal de suas homenagens. Scott mira mesmo é na direção do chamado grande público, esse que acrescenta milhões de dólares às contas bancárias dos produtores. Mira e erra, a julgar pelo que o filme anda rendendo.

Uma bela mulher residente em apartamento hiper luxuoso do Upper West Side – maior preço por metro quadrado, só em Tóquio – na ilha de Manhattan, Nova York, testemunha um brutal assassinato. A polícia depende dela para pegar o assassino e designa um recém-promovido detetive para guarda de suas valorizadas costas. O detetive é um homem casado com uma bonita ex-funcionária policial e o casal tem um filho de sete anos, vivendo felizes e modestamente no bairro de Queens, habitado pela baixa classe média. Transtorno na vida da bela milionária, transtorno na vida do belo policial. Solidões reconhecidas, uma conversa menos formal, um drinque a mais e o inevitável – pelo menos para que o filme possa prosseguir – acontece.

A trama policial não é bem explicada, a história de amor é improvável, o desfecho de ambas se enquadra na chamada nova moral pós-Aids, que deve revestir do mais terrível perigo todos os passos que não conduzam ao sagrado caminho do lar. A lembrança de *Atração Fatal* é inevitável, mas Ridley Scott tem uma classe que Adrian Lyne desconhece (terá isto a ver com o fabuloso êxito do seu filme e o relativo fracasso de *Perigo na Noite*?). Classe maior, só mesmo a da atriz principal, Mimi Rogers.

Ainda mais assim, multiplicada, por ela ser vista o tempo todo da perspectiva do policial, que Tom Berenger personifica com correção. Mimi Rogers recupera para a tela coisas que o cinema havia perdido com o envelhecimento de Lauren Bacall e a defecção de Grace Kelly.

Ela não tem poder para fazer de *Perigo na Noite* um bom filme, mas é o melhor que o filme tem.

Uma irresistível fórmula. Já usada

Jornal da Tarde

25 de janeiro de 1990

Chuva Negra (Black Rain) – Direção, Ridley Scott. Roteiro, Craig Bolotin e Warren Lewis. Fotografia, Jan de Bont. Música, Hans Zimmer. Com Michael Douglas, Andy Garcia, Ken Takakura, Kate Capshaw, Yusaku Matsuda etc. Produção 1989, Estados Unidos. Cines Metro 1, Ipiranga 1, Astor, Gemini 2, Top Cine, Center Iguatemi 3, Ibirapuera 2, Lar Center 1, Interlagos 5 e Chaplin.

O início lembra *Operação França*, de William Friedkin, cuja segunda parte, já dirigida por John Frankenheimer, foi igualmente acionada para a elaboração do roteiro. Mas *Chuva Negra* tem outras referências nada dissimuladas, como *O Ano do Dragão*, de Michael Cimino, e *Inferno Vermelho*, de Walter Hill. Isto sem falar de *Blade Runner – O Caçador de Andróides*, justamente o filme mais cultuado, imitado e influente do cineasta Ridley Scott, o ex-publicitário inglês cooptado por Hollywood. Com *Black Rain*, Scott dá a impressão de querer mostrar que ninguém pode copiá-lo melhor do que ele mesmo, no que tem toda razão. E oferece a certeza de que é um muito bom contador de histórias – capaz de manter o espectador interessado todos os momentos no que está narrando, além de provocar deslumbramento por seu obsessivo apuro visual. É notável a riqueza com que o cineasta compõe cada quadro em termos de movimentos, formas, luzes, e sombras, mesmo insistindo no excesso de fumaça, de asfalto molhado, de luzes de neon e ventiladores.

Chuva Negra conta sobre dois policiais de Nova York que são mandados ao Japão para entregar um prisioneiro japonês (Yusaku Matsuda) à polícia da cidade de Osaka. O mais velho, (Michael Douglas) é durão e está sendo investigado por conduta pouco honesta. O mais jovem (Andy Garcia) é um policial de conduta impecável e grande ambição profissional. No aeroporto japonês, a dupla é enganada e acaba entregando seu prisioneiro aos próprios bandidos, disfarçados de policiais. Então, por uma questão de honra, decidem ficar no país e recapturá-lo. Estão em terra estranha, não falam a língua e não podem agir. São colocados como observadores do trabalho dos policiais japoneses e sequer podem conservar suas armas.

Da mesma forma como Indiana Jones ou qualquer outro super-herói vai ao Terceiro Mundo e passa por sobre regras e princípios para impor seu modo de agir, a dupla nova-iorquina tenta impor-se em Osaka. Aos poucos conseguem alianças e cumplicidade: um inspetor da polícia japonesa (Ken Takakura) e uma norte-americana (Kate Capshaw), que trabalha justamente no cabaré do vilão. Há muita violência, algumas soluções previsíveis e, quase sempre, grande refinamento cinematográfico por parte de Scott, tanto na condução da ação quanto nas observações paralelas a respeito do choque entre as duas culturas.

Embora a tendência geral do filme seja a de apresentar o modo de vida e o sistema norte-americano como superiores, muitas vezes abre-se um parêntese para o lado japonês, com belos apelos à honestidade policial. Isto não é suficiente para virar o jogo. Ainda mais que a cena culminante dessas tentativas de se ouvir o outro lado mostra justamente o chefão da Yazuka (Tomisaburo Wakayama), a Máfia japonesa, justificando seu propósito de destruir a economia dos Estados Unidos como vingança pelas bombas atômicas da Segunda Guerra. Assim, o que parecia confiável, por apoiar-se sobre princípios éticos mesmo dentro do crime, acaba ainda mais assustador do que o criminoso jovem, o filho direto da dominação cultural norte-americana. Black Rain está longe de *The Yakuza (Operação Yakuza*, 75, de Sidney Pollack), em que Robert Mitchum ia ao Japão também como policial e recebia lições de vida do mesmo Ken Takakura de agora. Mas os tempos são outros – e a tradução dessa evidência é o que torna este filme irresistível também para quem quer mais do que uma hipnótica sessão de cinema.

CRÍTICAS

PARTE 3 - Mais diretores

Samuel Fuller

A violência e o ser humano numa muito bela e muito amarga reflexão

Lee Marvin lidera o elenco absolutamente convincente e merece, como este *Agonia e Glória*, as antologias.

Jornal da Tarde
09 de março de 1983
Agonia e Glória (The Big Red One) – Argumento, roteiro, direção, Samuel Fuller. Fotografia, Adam Greenberg. Música, Dana. Com Lee Marvin, Mark Hamill, Robert Carradine, Bobby Di Cicco, Kelly Ward, Siegfried Rauch, Stephane Audran. Produção 1980, Estados Unidos. Cines Liberty, Ritz e Del Rey. Censura 16 anos.

O cineasta Samuel Fuller, 72 anos, que inclui em seu currículo também alguns êxitos como escritor, serviu como atirador na Big Red One, a 1ª Divisão de Infantaria dos Estados Unidos, durante a Segunda Guerra. Ganhou medalhas de bronze e de prata por sua participação nos desembarques aliados na Sicília e Normandia, tendo publicado em 1967 um romance relatando suas experiências de batalha. Desde essa época pelo menos ele queria também transformar *The Big Red One* num filme, mas o projeto não se enquadrava dentro da modéstia de orçamentos com que Fuller quase sempre trabalhou, e foi sendo adiado. Só em 1968, com uma associação entre a companhia produtora de Peter Bogdanoch (Lorimar) e o produtor Gene Corman, o filme se tornou possível. Locações na Iugoslávia e Israel, com uma seqüência realizada na Califórnia.

A espera e o esforço, apesar do orçamento sempre deficiente, resultaram num filme belíssimo. Fuller utiliza sua nunca desmentida intimidade com a linguagem cinematográfica para uma amarga reflexão sobre a violência e manipulação do ser humano. Não existe propriamente uma história contínua, mas um vasto painel dividido em vários módulos quase que independentes. A ação começa em 1942 no Norte da África e vai até 1945 num campo de concentração da Checoslováquia, seguindo cinco personagens principais: um sargento veterano de outras campanhas (o filme se abre com um *flashback* da Primeira Guerra, quando ele mata um alemão sem saber que o armistício fora assinado e logo em seguida é atacado por um cavalo louco) e quatro jovens soldados. Fuller manipula velhos clichês cinematográficos tanto em relação a construção de personagens como em relação aos acidentes e aventuras de guerra para extrair deles emoções inteiramente novas e convincentes.

The Big Red One alterna a mais brutal violência com instantes reflexivos, tempos mortos de um lirismo seco, quase envergonhado. O sargento é um implacável matador, um sobrevivente profissional, cujo coração empedernido pode também derreter-se num reencontro inesperado com seus comandados; no nascimento de uma criança sob fogo cerrado; ao receber o agradecimento de um adolescente que com ele trocara um enterro digno para o corpo em decomposição da mãe por uma informação estratégica; ao constatar a morte de um menino que salvara do campo de concentração enquanto o leva a passeio sobre seus próprios ombros. Qualquer uma dessas seqüências pode figurar entre os mais belos e pungentes momentos da guerra vista pelo cinema.

E Fuller é extraordinário também nas cenas de batalha, com a câmara sempre ao nível do olho, uma total predominância de primeiros planos (prática ditada também pelo orçamento econômico), diálogos secos, diretos e imediatamente identificáveis como linguagem humana. E, ainda, é perfeito também na direção dos atores, todos absolutamente convincentes, liderados por um Lee Marvin que – como o próprio filme – também merece as antologias.

Louis Malle

Contido, justo. E chocante

Em *Adeus, Meninos*, Louis Malle jamais apela para o sentimental. Ele é absolutamente sereno e implacável em seu registro.

Jornal da Tarde
30 de junho de 1988
Adeus, Meninos (Au Revoir les Enfants) – Direção e roteiro, Louis Malle. Fotografia, Renato Berta. Com Gaspard Manesse, Raphael Fëjto, Francine Racette, Stamislas Carré De Malberg, Philippe Morier-Genoud, François Berléand, François Négret etc. Produção 1987, França. Estréia hoje no cine Gazetinha. Censura 10 anos.

Antes de realizar este filme, o cineasta Louis Malle (nascido em 1932) passou dez anos nos Estados Unidos, tendo filmado em inglês êxitos de público e de prestígio como *Menina Bonita, My Dinner with André* e *Atlantic City*. Projetos que fizeram com que *Au Revoir les Enfants* fosse ainda mais adiado. Em princípio, de acordo com depoimento deste cineasta, cujo talento e sensibilidade nunca dispensaram o escândalo como moldura, a memória tão pessoal de que é composto este filme que marca seu retorno ao cinema da França, deveria ter sido matéria-prima para seu primeiro longa-metragem. Ou talvez do segundo, já que o primeiro, o belo documentário *Le Monde du Silence*, de 1955, foi dirigido em parceria com Jacques Ives Cousteau. Mas

Malle, sem disposição para enfrentar o passado, optou por um policial, Ascensor para o *Cadafalso* (55), onde lançava a atriz-fetiche dos seus primeiros anos, Jeanne Moreau.

Foram necessários mais de 40 anos e quase 20 filmes para que este rico aristocrata francês, que já roçara o mesmo tema e época – até de maneira mais contundente – em Lacombe, Lucien, acertasse as contas com sua lembrança de um momento fundamental: o da sua entrada, pela dor e pela culpa, no chamado mundo dos adultos. Em janeiro de 1944, aos 12 anos, aluno de um internato católico na França ocupada, o menino Louis (que na tela muda o nome para Julien), curioso, esperto, sensível, vagamente místico, impressiona-se por outro garoto recém-chegado, apresentado com o nome de Jean Bonnet, silencioso, taciturno, sensível, íntimo da matemática e das notas musicais. A fascinação leva Julien a se aproximar dele, a investigar o que lhe parece um mistério. Tem razão. Bonnet na verdade é um pseudônimo para Kippelstein, judeu, escondido pelos padres diante da certeza de Auschwitz, Buchenwald ou outro destino semelhante.

Malle faz de sua lembrança imagens de emoção contida e rigorosa, sem nunca apelar para o sentimental. Câmera exata e atenta de documentarista, nenhuma pirotecnia, nenhuma deliberada busca de efeitos ou de ornamentos que seduzam o espectador além da mera narrativa. O cineasta revela-se, embora absolutamente sereno, implacável no seu registro e observação de atitudes e comportamentos. Na França ocupada, nazistas ocupantes passam por cordiais e deixam o trabalho sujo aos seguidores locais. Já se viu isto em muitos depoimentos indignados. O que choca é a contenção e a justeza deste novo registro, que não exclui também a chaga das diferenças sociais, da manipulação de uma classe social por outra, da alienação, da omissão cúmplice, do racismo mais abjeto. E, numa reiteração do que já mostrara no magnífico Lacombe, Lucien, a cristalina demonstração de como o choque entre nacionalistas em causa própria e deserdados sociais pode produzir traidores da pátria sem qualquer ideologia, a não ser uma justa aspiração de vingança, de dar o troco.

A ira de Malle é tão sutil quanto sua tristeza. Nenhuma das duas precisa de palavras específicas para se tornar clara. O que vale é sempre a atenta coleta e a observação de atitudes e relacionamentos, a habilidade e sensível inteligência do cineasta ao criar no seu impecável roteiro situações que dêem clareza ao que deseja dizer, sem recorrer à vulgaridade do explícito ou à facilidade de provocar lágrimas e sobressaltos. *Adeus, Meninos*, é um filme primoroso, discretamente primoroso. Inclusive pela atuação dos seus principais intérpretes, Gaspard Manesse, como Quentin, e Raphael Fëjto – *"um Kafka menino, com o olhar em brasa"*, na descrição do diretor – como Bonnet-Kippelstein.

Gus Van Sant. Jr

Um sensível olhar sobre o mundo das drogas

Jornal da Tarde

18 de outubro de 1990

Drugstore Cowboy – Direção, Gus Van Sant. Jr. Roteiro, Van Sant e Daniel Yost. Com Matt Dillon, Kelly Lynch, William S. Burroughs, James Le Cross etc. Produção 1989, Estados Unidos. No Metrópole, 16h30.

Há um momento em *Drugstore Cowboy* em que o escritor William S. Burroughs, no papel de um padre que trocou a batina pelas drogas e não se mostra arrependido, diz que toda a histeria criada a respeito delas não passa de um artifício da direita para criar um tipo de poder policial que lhe permita interferir em qualquer país. Mesmo que esteja apenas repetindo o que vem dizendo há anos fora das telas, o discurso de Burroughs provoca surpresa. Afinal, todos os filmes que tratam de drogas – e são dezenas atualmente – parecem destinados atualmente a corroborar o que o escritor chama de propósitos direitistas. Só por ser um elo quebrado nessa corrente, *Drugstore Cowboy* já mereceria ser olhado pelo menos como curiosidade. Mas merece muito mais: deve ser olhado como um belo e sensível filme a respeito de seres humanos e algumas de suas vias alternativas de relação com a sociedade.

O diretor Gus Van Sant, americano nascido em 1952 e autor de um cult de 50 mil dólares, *Mala*

Noche (85), sobre um proprietário de loja barata apaixonado por um garoto de rua mexicano, não faz um manifesto em favor das drogas. Embora simpático e compreensivo com os personagens, faz seu herói concluir já na primeira cena que essa via alternativa não tem saída. Ele é Bob Hughes (linda interpretação de Matt Dillon, até então uma absoluta nulidade como ator), que com sua mulher Diane (Kelly Lynch, fascinante) e um casal de amigos mais jovens sobrevive assaltando farmácias e hospitais em Portland, no Oregon, em 1971. A pressão policial obriga o grupo a abandonar a cidade, já que seu estilo de vida com seringas e anfetaminas eles não abandonam. O filme acompanha a trajetória do quarteto, sua rotina, sua dependência, seus momentos de delírio e felicidade química, sua guerrilha contra o sistema. Pode lembrar vagamente *Bonnie & Clyde*, só que Bob e sua gang não roubam para obter lucros: a compulsão pelo roubo está ligada basicamente à necessidade dos produtos proibidos.

Sem pregação nem moralismo, *Drugstore Cowboy* penetra nesses estilos de vida ou de sobrevivência. É doloroso, melancólico. Flagra relações crispadas, carência e indiferença sexual, beijos presos na garganta e a sombra da morte como inseparável companheira. Estradas, hotéis baratos, o aqui e o agora sempre muito mais fortes do que passado (esquecido) ou futuro (incerto). Há em todo o filme um tom de verdade e de convicção, embora o diretor Van Sant não dispense a sedução da ficção pelo naturalismo documental. O filme foi adaptado de um livro escrito por James Fogle, atualmente hóspede da penitenciária Walla Walla, no Oregon, que se baseou na sua própria vida e na de um amigo criminoso, chamado Brian, não por acaso um leitor de Burroughs e o modelo para o personagem de Matt Dillon.

Corações e mentes, o alvo deste filme

Jornal da Tarde

09 de agosto de 1991

Drugstore Cowboy (idem) – Direção, Gus Van Sant. Roteiro, Van Sant e Daniel Yost, adaptado de romance de James Fogle. Fotografia, Robert Yeoman. Música, Elliot Goldenthal. Com Matt Dillon, Kelly Lynch, William Burroughs. Produção 1989, EUA. Estréia hoje nos cines Elétrico e Paulista 1.

Nem uma visão social da droga, nem um discurso contra ou a favor. *Drugstore Cowboy* é um filme sobre pessoas voluntariamente marginalizadas, que assumem a droga como um estilo de vida, como alguns escolhem ser vegetarianos ou comunistas. Não existe em toda a história do cinema outro filme mais honesto sobre o tema. Assim como não existe outro com essa mesma pungência e qualidade cinematográfica. Segundo filme do até então desconhecido, nos grandes circuitos, Gus Van Sant, 37 anos, que antes já merecera admiração por Mala Noche, prêmio de melhor filme americano independente de 1987, *Drugstore Cowboy* surpreende desde as primeiras imagens por sua justeza e exatidão. Van Sant escolhe um tom tão sombrio quanto sóbrio para sua crônica de perdedores. Sem fazer deles heróicos combatentes do sistema, sem torná-los vítimas indefesas, sem execrá-los como modelos de perversidade. O estilo do cineasta é limpo, transparente, da mais pura honestidade: não há um abraço, uma lágrima, um esgar que se destine meramente à trapaça emocional. O que, em absoluto, não afasta a emoção.

Essa emoção entra no filme através da verdade profunda de suas imagens, diálogos, situações e de suas personagens. Contada em *flash-back*, sua história, passada na década de 70 e adaptada de um romance escrito por um presidiário e ainda não publicado na época em que o filme foi rodado, começa pelo final. Em Portland, Oregon, cidade flagrada sempre a partir da periferia, da fumaça das fábricas, becos sujos e pensões baratas, um homem jovem é levado em ambulância, com uma bala no corpo. Ele é Bob Hughes (o quase sempre péssimo Matt Dillon numa criação de alta sensibilidade), viciado desde a adolescência como coroinha de igreja. O anti-herói reconstitui sua trajetória adulta, veias abertas e incontáveis seringas, casada com uma jovem igualmente usuária de drogas (Kelly Lynch, também sem uma nota falsa), liderando um grupo composto por um casal mais jovem (James Legros e Heather Graham), perseguido o tempo inteiro por um policial (James Remar) que o conhece desde a infância.

A vida passa. Umas vezes dolorosa, outras prazerosa e engraçada. O vício sustentado de assalto em assalto a farmácias e hospitais, em trocas escusas de passaportes químicos para a felicidade. São adultos que se recusam a abandonar a infância e negam, em cada ação sem nenhum álibi de heroísmo teórico, um sistema muito mais poderoso do que eles. Não podem, ou sequer tentam, mudá-lo. Apenas insistem em existir nas brechas que a sua estrutura lhes permite. As pequenas vitórias desses "brancaleones" existenciais são o calor percorrendo as veias até o choque no cérebro, sua recusa de produzir ou de amarrar a cada dia os laços do sapato e da gravata. Pagam o preço de cada uma delas – os sobressaltos diante da lei, a incomunicabilidade familiar (a seqüência da visita à mãe, a esplêndida Grace Zabriske, de *Twin Peaks*, é uma das mais tocantes do filme), algum eventual encontro da tragédia.

Drugstore Cowboy só altera ligeiramente seu tom sussurrado quando abre espaço para o escritor William Burroughs, que entra em cena usando como álibi justamente a personagem do padre drogado de quem Bob fora acólito. Além de demonstrar, pela própria presença octogenária, que drogados não morrem necessariamente jovens, Burroughs – ou Padre Tom – é encarregado do único discurso veemente do filme. O que aponta para a possibilidade de a droga ser utilizada como desculpa para legitimar um exército internacional intervencionista – tese provavelmente familiar aos panamenhos, pelo menos. Aí também *Drugstore Cowboy* não nega a mesma impecável pontaria com que o tempo inteiro alveja corações e mentes. Colocar-se na sua linha de fogo é um dos maiores prazeres desta temporada cinematográfica.

Martin Ritt

Um devaneio. Ao mesmo tempo, uma tese muito bem defendida

Querem me Enlouquecer: uma visão menos convencional do mundo e das relações entre pessoas.

Jornal da Tarde
28 de abril de 1988
Querem me Enlouquecer (Nuts) – Direção, Martin Ritt. Roteiro, Tom Topor e Darryl Ponicsan & Alvin Sargent, baseado em peça de Topor. Fotografia, Andrzej Bartkowiak. Música, Barbra Streisand. Com Barbra Streisand, Richard Dreyfuss, Maureen Stapleton, Karl Malden, Eli Wallach, Robert Webber, James Whitmore, Leslie Nielsen, William Prince. Produção 1987, Estados Unidos. Cines Ritz, Lumière, Liberty e Cinemar. Censura 14 anos.

Todo o mundo quer que Claudia Draper seja considerada louca, não responsável por seus atos. Isso interessa à sua mãe e ao seu padrasto, ao caro advogado contratado por eles justamente para que insista sobre essa tese, aos dois psiquiatras da instituição em que ela é confinada após haver cometido um assassinato. Claudia Draper (Barbra Streisand) é uma prostituta luxuosa, que vive e trabalha em Nova York, atendendo executivos de meia-idade e de gostos eróticos raramente comuns. É uma personagem que se recusa a viver segundo os padrões morais supostamente atribuídos à sua posição social, de mulher da classe-média, branca, instruída, divorciada do marido após dez anos de casamento. Na visão dos que lhe são socialmente próximos, se Claudia recusa o modelo-padrão de comportamento, ela deve ser considerada louca.

Nem a ameaça de uma condenação por assassinato, contudo, convence essa mulher de que cumprir pena num asilo seja melhor do que cumprir pena na prisão. Ainda mais que ela tem consciência de haver matado seu cliente rico, machista e violento, em legítima defesa. Claudia agride fisicamente o advogado contratado pela família, ensaia dizer algumas verdades (que acabarão sendo reveladas ao longo da ação) à mãe e ao padrasto, que secretamente lhe dava banhos e recompensas em dinheiro por seu afeto, mesmo quando ela já completara 13 anos de idade, e é obrigada a aceitar um advogado nomeado pela corte do qual também desconfia.

O filme conta a partir daí a crescente intimidade entre o advogado (Richard Dreyfuss) e sua cliente, cujo passado ele irá aos poucos resgatando e montando – como se faz em qualquer convencional quebra-cabeças. A novidade é que essas peças não têm nada de convencionais, já a partir do fato de que a profissão de Claudia ou sua escolha dela não é nunca colocada em julgamento pelo filme. O que está em questão é o problema da liberdade, das escolhas individuais. E, junto com elas, os direitos de quem escolhe ser diferente, bem como as pressões que se exercem contra essas diferenças. Claudia é louca ou não? Ela pode ou não ganhar sua vida vendendo o próprio corpo? Que circunstâncias levam alguém a tornar-se agressivo, anti-social, não convencional?

Durante a maior parte do tempo ambientado numa sala de tribunal quase vazia, *Querem Me Enlouquecer* nem chega a insistir para não ser confundido com teatro – pois sua história vem mesmo do palco. O diretor Martin Ritt, competente e socialmente empenhado, mas distante da inventividade cinematográfica, prefere administrar com profissionalismo a força da própria situação dramática e a habilidade e contagiante entrega dos seus intérpretes, especialmente Streisand e Dreyfuss. O resultado é um filme menor do que as idéias que ele coloca na tela – muito raramente exibidas e discutidas nesse nível de popularização. Por causa disto, *Querem Me Enlouquecer* conserva potencial suficiente para manter atenções concentradas e despertar emoções. Não se trata de maneira nenhuma de um filme comum, que pode ser ignorado porque virá outro semelhante. Ponto para Barbra Streisand: ótima como atriz e ainda melhor como produtora que ousa colocar em risco uma confortável imagem de superestrela na sua preocupação de oferecer uma visão menos convencional do mundo e das relações entre as pessoas que vivem nele.

Paolo e Vittorio Taviani

O poético *Bom Dia Babilônia* é admirável

Jornal da Tarde

23 de dezembro de 1988

Bom Dia Babilônia (Good Morning Babilonia) – Direção, história e roteiro (neste, colaboração de Ennio Flaiano), Paolo e Vittorio Taviani. Fotografia, Giuseppe Perpignani. Música, Nicola Piovani. Com Vincent Spano, Joaquim de Almeida, Omero Antonucci, Greta Scacchi, Desirée Becker, Margarita Lozano, Charles Dance etc. Produção 1986, Itália. Desde ontem no Cine Arouche A e a partir de domingo no Cinearte 1 (Conjunto Nacional/Paulista). Censura 14 anos.

A vida de dois irmãos artistas, contada por dois irmãos artistas. Qualquer semelhança não será naturalmente

apenas mera coincidência. Mas não se trata em absoluto de nenhum ególatra exercício autobiográfico. Os irmãos italianos Paolo, 57 anos, e Vittorio, 59, Taviani, estão simplesmente narrando mais uma de suas belas histórias, com a mesma e rara sensibilidade que já usaram antes em filmes como *Allonsanfan, Pai Patrão, A Noite de São Lourenço* ou *Kaos*. Em *Bom Dia Babilônia* falam de vida e de morte, de amor e de guerra, de sonho e de frustração, de filhos e de pais, de terra natal e de exílio. Mais: desta vez, os Taviani dedicam sua grande força poética para falar também sobre o nascimento do cinema. E para mostrar que o cinema, tal como eles o vêem e o fazem, é a arte contemporânea que traduz o sonho coletivo da vida melhor e mais bonita que o homem, em épocas anteriores, já traduziu construindo catedrais, por exemplo.

Bom Dia Babilônia é também um poema cinematográfico dedicado à memória, que não tem vergonha de usar nessa dedicatória a figura do elefante, uma dos seus símbolos mais explícitos. É justamente o relevo de um elefante que os irmãos Nicola e Andrea (V. Spano e J. de Almeida), filhos do grande mestre artesão Bonanno (O. Antonucci, sempre um ator extraordinário) estão terminando sobre o pórtico de uma catedral logo na abertura do filme, em 1912. Com sua artística profissão em decadência, esses descendentes espirituais de Leonardo e Michelangelo, após as bênçãos do pai e a promessa de permanecerem unidos, atravessam o Atlântico em busca da fortuna na América.

Os Taviani narram tudo isso em poucas, concisas e admiráveis cenas, oferecendo aos seus personagens o pão que o próprio diabo amassou nos seus primeiros tempos no novo país. Por uma coincidência, emocionante, encontram outros artesãos conterrâneos aos quais acompanham em busca de trabalho na Exposição Universal, em San Francisco. Nessa época, o cineasta David Wark Griffith (1875-1948) havia concluído seu grandioso *Nascimento de uma Nação*, extasiara-se com a visão de Cabiria, de Giovanni Pastrone e sonhava fazer de Intolerância um filme ainda maior do que ambos. Sonhava também com elefantes sustentando os gigantescos cenários da época de Babilônia, primeira de quatro deste grande afresco pacifista.

Nicola e Andrea serão seus construtores e o êxito de sua empreitada possibilitará ao filme uma das mais belas cenas já vistas numa tela de cinema, quase toda filmada em planos médios, já que os Taviani, ao contrário de que pensam o cinema re-comercializado para a televisão, usam raros closes e fazem seus atores se movimentarem sempre em grandes espaços. Esta cena mostra o casamento dos irmãos com duas dançarinas (G. Scacchi e D. Becker), a mesa nupcial armada no estúdio, diante do cenário majestoso e o encontro de Griffith (C. Dance), "pai" do cinema, com o patriarca Bonanno, cuja presença na cerimônia se torna possível pela ascensão econômica dos filhos.

Difícil ir além, em matéria de beleza e emoção. Os Taviani não vão. O filme então vacila algumas vezes na preparação do desfecho trágico, movido pela eclosão da Primeira Guerra Mundial, até encontrar sua ousada e belíssima (descontando-se os desacertos dos dois atores) maneira de exaltar não apenas o cinema, como registro, testemunho e memória, mas principalmente o artista. Não necessariamente aquele que assina a obra e ganha as honras da autoria, mas qualquer um que, através da história, não importa (aos Taviani) por que motivos, tenha anonimamente oferecido energia, sonho e sangue para a construção de catedrais de argamassa ou de celulóide, capazes de expressar alguma coletiva utopia.

Índice

Coleção Aplauso

Perfil

Anselmo Duarte - O Homem da Palma de Ouro
Luiz Carlos Merten

Aracy Balabanian - Nunca Fui Anjo
Tania Carvalho

Bete Mendes - O Cão e a Rosa
Rogério Menezes

Carla Camurati - Luz Natural
Carlos Alberto Mattos

Carlos Coimbra - Um Homem Raro
Luiz Carlos Merten

Carlos Reichenbach - O Cinema Como Razão de Viver
Marcelo Lyra

Cleyde Yaconis - Dama Discreta
Vilmar Ledesma

David Cardoso - Persistência e Paixão
Alfredo Sternheim

Djalma Limongi Batista - Livre Pensador
Marcel Nadale

Etty Fraser - Virada Pra Lua
Vilmar Ledesma

Gianfrancesco Guarnieri - Um Grito Solto no Ar
Sérgio Roveri

Helvécio Ratton - O Cinema Além das Montanhas
Pablo Villaça

Ilka Soares - A Bela da Tela
Wagner de Assis

Irene Ravache - Caçadora de Emoções
Tania Carvalho

João Batista de Andrade -
Alguma Solidão e Muitas Histórias
Maria do Rosário Caetano

John Herbert - Um Gentleman no Palco e na Vida
Neusa Barbosa

José Dumont - Do Cordel às Telas
Klecius Henrique

Niza de Castro Tank - Niza Apesar das Outras
Sara Lopes

Paulo Betti - Na Carreira de um Sonhador
Teté Ribeiro

Paulo Goulart e Nicette Bruno - Tudo Em Família
Elaine Guerrini

Paulo José - Memórias Substantivas
Tania Carvalho

Reginaldo Faria - O Solo de Um Inquieto
Wagner de Assis

Renata Fronzi - Chorar de Rir
Wagner de Assis

Renato Consorte - Contestador por Índole
Eliana Pace

Rodolfo Nanni - Um Realizador Persistente
Neusa Barbosa

Rolando Boldrin - Palco Brasil
Ieda de Abreu

Rosamaria Murtinho - Simples Magia
Tania Carvalho

Rubens de Falco - Um Internacional Ator Brasileiro
Nydia Licia

Ruth de Souza - Estrela Negra
Maria Ângela de Jesus

Sérgio Hingst - Um Ator de Cinema
Maximo Barro

Sérgio Viotti - O Cavalheiro das Artes
Nilu Lebert

Sonia Oiticica - Uma Atriz Rodrigueana?
Maria Thereza Vargas

Ugo Giorgetti - O Sonho Intacto
Rosane Pavam

Walderez de Barros - Voz e Silêncios
Rogério Menezes

Especial

Dina Sfat - Retratos de uma Guerreira
Antonio Gilberto

Gloria in Excelsior - Ascensão, Apogeu e Queda do Maior Sucesso da Televisão Brasileira
Álvaro Moya

Maria Della Costa - Seu Teatro, Sua Vida
Warde Marx

Ney Latorraca - Uma Celebração
Tania Carvalho

Sérgio Cardoso - Imagens de Sua Arte
Nydia Licia

Cinema Brasil

Bens Confiscados
Roteiro comentado pelos seus autores Carlos Reichenbach e Daniel Chaia

Cabra-Cega
Roteiro de DiMoretti, comentado por Toni Venturi e Ricardo Kauffman

O Caçador de Diamantes
Vittorio Capellaro comentado por Maximo Barro

A Cartomante
Roteiro comentado por seu autor Wagner de Assis

Casa de Meninas
Inácio Araújo

O Caso dos Irmãos Naves
Luís Sérgio Person e Jean-Claude Bernardet

Como Fazer um Filme de Amor
José Roberto Torero

De Passagem
Roteiro de Cláudio Yosida e Direção de Ricardo Elias

Dois Córregos
Carlos Reichenbach

A Dona da História
Roteiro de João Falcão, João Emanuel Carneiro e Daniel Filho

O Homem que Virou Suco
Roteiro de João Batista de Andrade por Ariane Abdallah e Newton Cannito

Narradores de Javé
Eliane Caffé e Luís Alberto de Abreu

Teatro Brasil

Alcides Nogueira - Alma de Cetim
Tuna Dwek

Antenor Pimenta e o Circo Teatro
Danielle Pimenta

Luís Alberto de Abreu - Até a Última Sílaba
Adélia Nicolete

Trilogia Alcides Nogueira - ÓperaJoyce - Gertrude Stein, Alice Toklas & Pablo Picasso - Pólvora e Poesia
Alcides Nogueira

Ciência e Tecnologia

Cinema Digital
Luiz Gonzaga Assis de Luca

Os livros da coleção *Aplauso* podem
ser encontrados nas livrarias e no site
www.imprensaoficial.com.br/lojavirtual

ctp, impressão e acabamento

imprensaoficial

Rua da Mooca, 1921 São Paulo SP
Fones: 6099-9800 - 0800 123401
www.imprensaoficial.com.br